KB253898

기독학생들을 위한 성공적 공부 길라잡이

공부가 즐거워 지는 신앙원칙

제리 화이트

영 일 콤

공부가 즐거워지는 신앙 원칙

초판발행 2000. 10. 20.

지은이/ 제리 화이트
옮긴이/ 편집부
펴낸이/ 임혜숙
펴낸곳/ 영일콤
주소/ 서울 구로구 구로4동 735-12
전화번호/ 02-838-9459
e-mail/ youngilcom.@hosanna.net
출판등록/ 2000년 5월 19일 제 12-286호
총판/ 생명의샘 (전화번호 02-419-1451)

값 6,000원
ISBN - 89-89297-00-1 03230

*잘못 만들어진 책은 바꾸어 드립니다.

THE CHRISTIAN STUDENT'S
HOW TO STUDY GUIDE

BY JERRY WHITE

목차

저자소개   6

머리글   8

1. 왜 공부하나?   11

2. 공부가 즐거워지는 12가지 신앙원칙   35

3. 새끼줄(Schedule) 꼬기   59

4. 균형잡힌 '공부와 영적 성장'   85

5. 자아 분석   115

6. 전과목 A학점을 위해 노력해야 하는가   131

7. 핵심적인 문제들   151

8. 부록   173

저자소개

저자는 현재 네비게이토 선교회 실행 이사로 재직하고 있다. 그가 네비게이토와 처음 인연을 맺은 것은 워싱턴 대학 재학 시절이었다. 선교회와의 긴밀한 관계는 군복무시에도 계속 되었다. 1964공군사관학교에, 그리고 1966년에는 펄듀 대학교에 네비게이토 선교회를 설립하는데 큰 기여를 했으며 10년 동안 동 선교회의 미국 지역 책임자로 일하기도 했다.

저자는 13년 6개월 동안 공군에 근무하면서 케이프 케네디 기지의 선교책임자로 활동했다. 이 때는 미국의 우주 비행 계획이 절정에 달해 있을 때였다. 그는 1973년 퇴역했다.

6년 동안 공군사관학교에서 우주 비행학 조교수로 재직했으며, 전국적으로 잘 알려진 천체 역학 교재를 공동 집필한 그는 워싱턴 대학에서 전기공학으로 학사 학위를, 공군 기술연구소에서 우주 비행학으로 석사 학위를, 펄듀 대학에서 같은 전공으로 박사 학위를 취득했다.

부인과 공동으로 「직업-생존을 위한 것인가, 만족을 위한 것인가?」(Your Job: Survival or Satisfaction?), 「그리스도인의 중년기 생활」(The Christian in Mid-life), 「친구와 우정」(Friend and Friendship) 등의 책을 출판했으며, 또한 「정직, 도덕, 양심」(Honesty, Morality, Conscience), 「교회 안의 교회와 교회 밖의 교회:그 불편한 관계」(The Church and the Parachurch: An Uneasy Marriage)라는 책을 쓰기도 했다.

그의 가족은 콜로라도주 콜로라도 스프링즈에 살고 있다.

머리글

   실패하기를 원하는 사람은 아무도 없다. 대학 생활의 성패는 학기말 성적을 통해 드러난다. 한번 취득한 성적은 변경 될 수 없다. 그것은 인생 끝까지 우리를 따라다닌다.

   내가 아는 바로는 많은 기독교인 학생들이 공부를 잘하고 있다. 또한 공부뿐 아니라 영적인 사역도 능력있게 잘 감당하기를 바라고 있다. 그러나 또한 많은 학생들은 공부에 대한 압박을 받고 있으며 학습 방법에 대한 무지 때문에 자신들이 바라는 바를 이루지 못하고 그로 인한 죄책감 때문에 괴로워하고 좌절에 빠지고 있다.

   이 책은 바로 이 같은 기독 학생들을 위한 책이다.

   지난 15년간 나는 학습 방법에 대해, 그리고 학업과 사역을 동시에 잘 수행하는 방법에 대해 적절한 원리를 찾아왔으며, 또 많은 상담도 했다. 대학원에서 4년 동안 수학하는 중에 나의 생각들은 보다 구체화 될 수 있었다. 그후 6년간 미 공군사관학교의 교수 요원으로 근무했었는데 당시 기독교인을 포함한 모든 학생들의 성공과 실패를 지켜볼 수 있었다. 뿐만 아니라 나는 자주 대학을 방문하여 다양한 전공의 학생들과 상담을 하곤 했다. 그러므로 이 책은 단순히 이론서가 아닌 실제로 적용 가능한 방법과 원칙들의 모음집이라 할 수 있다.

한번은 남부 캘리포니아를 방문한 적이 있었는데 그때 한 학생과 상담을 하게 되었다. 그는 열심히 내 말을 메모하더니만 내게 이렇게 묻는 것이었다. "이같은 당신의 경험과 생각을 출판해 보는 것이 어떨까요?"

사실 나는 당시 다른 많은 책들을 저술했었다. 그러나 이 책을 내야겠다는 생각은 그때까지도 가져 보지 않았다. 그 후 이 일에 관해 기도하면서 다른 사람들이 과연 이러한 종류의 책을 필요로 하는지 알아보았다. 그 결과 이 책이 나오게 된 것이다.

나는 이 책이 당신의 공부를 효과적으로 도우리라 생각한다. 뿐만 아니라 공부도 하면서 하나님과 동행하는 삶을 살도록 도울 것을 확신한다.

제리 화이트

"균형잡힌 삶은 쉽게 이루어지지 않는다.
그러나 균형잡힌 삶을 영위할 수 있게 하는
가장 좋은 시기는 학창 시절이다.
전 생애에 걸쳐 단 한 번 있는,
그리고 영적, 인격적 모형을 개발할 수 있는
유일한 기회를 잡으라,
그 영적, 인격적 모형이
나머지 생애의 초석이 될 것이다."

"모든 일이 하나님에 의해 좌우되는 듯이 기도하고,
모든 일이 당신에 의해 좌우되는 듯이 일하라."

1 왜 공부하나 ?

"인생이란 책이나 교육을 통해서 얻을 수 있는 것 그 이상이다. 대부분의 대학교육 과정은 장차 직업 전선에서 만나게 될 실제적인 문제들과 하등 관련이 없다. 그래서 대부분의 회사는 특정한 직업에 맞도록 사원들을 재훈련시킨다."

"중요한 것은 학위증이야. 졸업한 후에 누가 내 성적에 신경을 쓰겠어. 성적 때문에 괴로워할 필요가 없지. 지금 내가 중요하다고 생각하는 일에나 신경 써야지. 학업이여, 안녕!"

"솔직히 난 내가 무엇을 원하는지 모르겠어, 그런데, 내게 별로 가치 없는 것처럼 보이는 공부에 왜 골머리를 써야 하지?"

"난 그리스도인이야, 하나님께서 이 대학에 나를 입학시키신 것은 그리스도의 증인이 되라고 해서지 학업 때문이 아니야, 학교에서 퇴학당하지 않을 정도만 공부하고 나머지 시간은 복음전하는 데만 몰두 할꺼야!"

"내 전공은 전기 공학인데 왜 전공과 직접 관련이 없는 문학, 역사, 그리고 다른 과목들로 괴로움을 당해야 하지?"

대학에 다니는 사람들이면 누구나 이런 말들을 자주 듣는다. 아마 당신도 같은 생각을 하고 있을지 모른다. 위의 주장들이 옳다는 것을 증명하기 위해 얼마든지 다른 사람의 예나 자신들의 경험을 들 수 있을 것이다. 하지만 이러한 것들은 편협된 생각에서 나온 말일 뿐이다.

불행하게도 이런 상투적인 말을 따르는 사람들은 가능성이 희박한 우연과 위험한 놀이를 하고 있는 것과 같다.

콜린즈(Brad Collins)는 고등학교를 수석으로 졸업했다. 그는 선천적으로 머리가 좋았고 경쟁도 치열하지 않아 고등학교 시절은 거의 공부를 하지 않고도 항상 1등이었다. 그 후 그는 공군 사관학교에 입학했는데 첫 학기 중간고사를 치른 후 자신이 실패하고 있음을 깨달았다. 그는 공부하는 방법을 모르고 있었던 것이다. 그는 성적의 중압감에 눌려 공부에 몰두하였지만 결국 실패하고 말았다. 크리스마스 때 낙제한 것이다.

터너(Chuck Turner)는 대학생활 3년을 간신히 지탱할 수 있었다. 그는 1점 차이로 아슬아슬하게 평균 C 학점을 유지하면서 간신히 퇴학만은 면하고 있

없다. 그러면서도 그는 매우 낙천적인 성격을 가지고 있었다. 그리스도인이고 하나님을 섬기는 자이기에 만사가 잘 될 것이라고 생각하고 있었다. 그러나 실상은 그렇지 못했다. 4학년 때 유급당하고 만 것이다.(많은 학교들이 C 이하의 학점은 인정하지 않는다).

그가 졸업하기 위해서는 3년간 학교를 더 다녀야 했다. 간신히 학위를 받긴 했지만 졸업한 후에도 직장을 얻기가 힘들었다.

런드버그(Robert Lundberg)는 고등학교를 대충대충 쉽게 다녔다. 책 한 권을 제대로 본적이 없었다. 그는 능력에 의해서가 아니라 그저 때가 되었기에 고등학교를 졸업했다. 그러나 고등학교 졸업장은 별의미가 없었다. 그는 거의 배운 것이 없었다. 직장에 대한 절실한 필요 때문에 군에 입대한 그는 군에서 그리스도를 영접하게되었고 성경을 공부하기 시작했다.

성경을 공부하는 것은 그에게 곧 전투와도 같았다. 그동안 독서 습관이 배어 있지 않았기 때문이었다. 그러나 힘든 가운데서도 계속해서 성경공부를 한 그는 점차 나아지기 시작했으며, 전역할 때쯤에는 새로운 목표를 가지게 되었고, 후에 명문 대학교에 입학하게 되었다.

그는 첫 학기 동안 열심히 공부했다. 나는 그에게 공부하는 몇 가지 원칙을 가르쳐 주었는데, 그 원리를 성실하게 삶에 적용시킨 결과 그는 학과 공부에 점차 향상을 보이기 시작하더니 실제로 많은 과목에서 A 학점을 취득했다. 물론 그는 항상 그리스도인 모임에도 열성적이었다.

이런 예는 얼마든지 들 수 있다. 당신은 학습 방법과 열심 정도에 따라 학창 시절의 성패여부가 결정될 수 있다는 사실을 발견케 될 것이다.

이 책에서 다루고 있는 내용은 대학 뿐 아니라 모든 학교, 모든 훈련 센터 등의 학습활동에 적용될 수 있을 것이다.

왜 공부하나? · · · > 1. 신앙적 관점

여기서 내가 제시하는 원칙들은 성경에 기초한 것이다. 만약 당신이 예수 그리스도를 자기 삶의 구주로 영접하지 않았다면 여기서 제시하는 많은 원리들은 의미가 없을지 모른다.

하지만 학창시절은 코앞에 닥친 문제를 대비하기보다는 영원한 미래의 문제를 생각해보고 그것을 해결하기 위한 좋은 시기이기 때문에 누구라도 자기가 공부하는 이유에 대해 생각해 보는 것이 필요하다. (이점에 관해서는 부록에 실린 그림의 글 '화살'을 참고하라)

그리스도인으로서 하나님을 기쁘시게 하기 위해

이 책의 내용은 모두 당신이 하나님을 기쁘시게 하기를 원한다는 전제하에 쓰여진 것이다. 그러나 이 원칙들은 비 그리스도인들에게도 유용하다. 때때로 사람들의 우수성과 업적이 강조될 것이기도 하나 그것은 하나님을 찬양하기 위한 관점에서이지 자만심과 자아만을 기쁘게 하기 위한 관점에서는 아니다.

"너희는 먼저 그의 나라와 그의 의를 구하라.

그리하면 이 모든 것을 너희에게 더하시리라"

(마6:33)

우리의 최고 목표는 하나님을 경외하는 것이다. 다른 모든 목표들은 하나님을 공경한다는 이 최고의 목표에 도움이 되는 것이어야 한다. 그러므로 영적 삶에 있어서 충심으로 하나님께 복종하라. 이것이 공부에서 성공하기 위한 첫번째 전제 조건이다.

하나님의 뜻에 따르기 위해

당신은 어쩌면 자기가 아무리 애써도 낮은 학점밖에 받지 못하는 것이 학교를 그만두라는 하나님의 뜻은 아닐까 생각될 때도 있을 것이다. 하지만 그것은 책임 회피이다. 하나님의 뜻을 필연에서 찾지 말고 방향에서 찾으라. 즉, 당신이 학교에 다니고 있다면 하나님의 주권적 의지에 의하여 학교에 다니고 있다고 생각하는 것이 정당하다. 그러므로 학교생활을 성실하게 해 나가야 한다. 당신이 학교를 떠나게 된다면 그것은 강요 당해서가 아니라 스스로 그렇게 하기를 선택한 것이어야만 한다. 물론 당신의 전공이 당신에게 적합한 것이 아닐 수도 있고 학교 생활이 당신의 능력 밖의 일일 수도 있다. 그러나 당신의 실패가 적절한 공부 방법을 모른데서 기이한 것이어서는 안된다.

공부할 수 있는 능력을 받았기 때문에

우리의 지적 능력은 서로 다르고 차이가 있다. 극소수의 사람만이 뛰어난 지적능력을 소유하고 있으며, 대부분의 사람은 일반적 수준의 지적 능력만을 소유하고 있을 뿐이다. 미국의 대부분 학교들은 일반적 수준의 사람들을 대상으로 교과과정을 운영하고 있다. 만약 입학허가를 받았다면 당신의 능력에 대한 심사가 학문 적성 검사(SAT)와 대학 수학 능력 검사(ACT)와 같은 다양한 테스트를 통해 이루어졌음을 의미한다. 즉 당신의 점수는 당신이 기본 학습 능력이 있음을 입증하고 있는 것이다. 대부분의 사람들은 타고난 능력이 아닌 열성적인 노력으로 성공하곤 한다. 물론 당신도 그렇게 할 수 있다.

받은 바 목표를 이루기 위해

시작한 일은 끝을 내야 한다. 이런 의욕적인 요인들이 없으면 삶은 그

때 그때 닥치는 순간만을 위해 사는 것이 되고 미래나 목표에 관해서는 하등의 관심이 없는 것이 되고 만다.

목표는 동기를 유발한다. 바울은 그의 삶의 모든 영역에서 하나님의 소명에 의해 동기를 부여받았다. 즉 그의 삶은 "오직 한 일 즉 뒤에 있는 것을 잊어버리고 앞에 있는 것을 잡으려고"(빌3:14) 노력한 삶이었다. "소원을 성취하면 마음이 달다"(잠13:19)라는 말씀은 진리이다.

성경은 목표를 추구하는 사람들을 존귀히 여긴다. 비록 그 목표가 순수히 영적인 것이 아니었을 때라도 그것이 하나님의 영광을 위한 것이었다면 말이다. 학교에서의 주된 목적이 있다면 그것은 바로 졸업하는 것이며, 최소한의 목적은 지금의 학기, 혹은 지금의 과정을 마치는 것이다.

왜 공부하나? · · · > 2. 사회적 관점

그리스도인으로서 우수함을 보이기 위해

하나님께서는 평범한 보통 사람들을 사용하신다. 물론 하나님만의 특이한 방법을 통해서이지만, 성경은 위대한 일을 성취한 많은 선남선녀들에 대해 기록하고 있다. 그들은 하나님께서 그들에게 주신 능력을 십분 발휘한 사람들이다. 우수함이란 무슨 일이든 잘 해내는 것을 의미한다. 그것은 하나님의 나라를 위해 세상에서의 우수함을 자발적으로 포기한 사람들과 그저 평범하기만 한 그리스도인을 구별시키는 것이다.

하나님께서는 '평범한' 그리스도인을 원치 않으신다. 그분은 그리스도인들이 그들이 하는 일에서 그리스도의 우월함을 나타내주는 사람들이 되기를 원하신다. 성경에 나타나는 많은 사람들은 그들의 직업과 공동체 속에서 존경을 받는 인물들이었다. 사실상 교회 지도자의 조건은 "외인에게서도 선한 증거를 얻는 자"(딤전 3:7)이다. 자기 일을 잘 하지 못하는 사람이 선한 증거를 얻는다는 것은 생각할 수 없는 일이다.

바울은 가말리엘 문하에서 고등 교육을 받았다(행22:3). 그는 그리스도인이 되기 전에도, 그리고 그리스도인이 된 후에도 배움에 전념한 사람으로, 자신이 해야 할 바를 전심으로 행한 사람이다. 골로새서에서 바울은 이렇게 기록하고 있다. "무슨 일을 하든지 마음을 다하여 주께 하듯 하고 사람에게 하듯 하지 말라"(골 3:23). 바울은 자신의 우수함을 그의 삶의 모든 영역에서 나타냈다.

다니엘과 그의 세 명의 친구들은 바벨론으로 잡혀 갔다. 바벨론에서 그들은 왕을 섬기는 자들로 선택받았다. 그들이 선택된 이유는 배움에 열의를 보였고 평판이 좋았으며 이해력이 뛰어났기 때문이었다(단 1:4 참조). 그들은 바벨론의 기준에 따라 교육을 잘 받았다. 성경은 "하나님께서 이 네 소년들에게 지식을 얻게 하시며 모든 학문과 재주에 명철하게 하셨다"(단1:17)고 전한다. 하나님이 그들을 축복하셨을 뿐 아니라, 그들 또한 열심히 공부하고 준비하였기에 왕은 그들을 높은 직위에 임명하였다. 다니엘은 바벨론 지경의 통치자가 되었다. 그는 "네가 자기 사업에 근실한 자를 보았느냐? 이러한 사람은 왕 앞에 설 것이요 천한 자 앞에 서지 아니 하리라"(잠22:29)는 말씀의 전형이었다.

성경은 다른 많은 우수한 인물들의 예를 보여준다. 그러나 잊지 말아야 할 것은 인간의 우수함이 항상 인간의 완벽함을 의미하는 것은 아니라는 사실이다. 우수함이란 맡겨진 모든 일에 최선을 다하고 그 결과는 하나님께 맡기는 것을 의미한다.

당신은 능력이 부족하기 때문에 여러 방면에 뛰어나지 못할 수도, 고도의 기술을 습득하지 못할 수도 있다. 그러나 하는 일을 전심으로 할 수는 있을 것이다.

전도서 기자는 이렇게 전한다. "무딘 철 연장 날을 갈지 아니하면 힘이 더 드느니라. 오직 지혜는 성공하기에 유익하니라."(잠10:10) 날카로운 도끼로 나무를 베는 것은 힘이 덜 든다. 이와 같이 부지런한 준비는 공부를 더 수월하게 한다.

열심히 일하는 습관을 들이기 위해

내가 아는 한 성공한 사람들의 성공요인은 대부분 행운이나 재주가 아니라 열심이다. "게으른 자는 마음으로 원하여도 얻지 못하나 부지런한 자의 마음은 풍족함을 얻느니라"(잠 13:4).

잠언은 우수함, 열성적으로 일하는 것, 지혜로움에 대해서는 칭찬하며 게으름과 안이함에 대해서는 나무라는 책이다. 열성적으로 일하는 것은 아름다운 것이며 보상을 얻는다. 많은 학생들은 그것이 좋아서건 아니면 중요하게 생각해서건 간에 열심히 공부하기를 원한다. 그러나 그들은 핵심을 놓치고 있다. 단지 자기가 좋아서 열심히 하는 것은 오락일 뿐이다. 맡겨진 일을 열심히 하는 것이야말로 부지런함의 표징이다. 직장에서 일은 맡겨지는 것이지 자기가 선택할 수 있는 것이 아니다. 지금 열심히 일하는 습관을 익히면 남은 이후의 삶 속에서 놀라운 보상을 받게 될 것이다.

학생들이 공부에 어려움을 느끼는 이유는 대부분 다음 두 가지 중 하나 때문이다. 즉 공부하는 방법을 모르거나 아니면 열심히 공부하지 않기 때문이다. 나는 지금까지 공부할 능력이 없는 학생은 보지 못했다. 성경의 다음 구절들을 상고해 보라.

- "부지런한 자의 손은 사람을 다스리게 되어도 게으른 자는 부림을 받느니라"(잠 12:24).

- "자기의 일을 게을리 하는자는 패가하는 자의 형제니라"(잠 18:9).

- "게으른 자는 가을에 밭 갈지 아니하나니 그러므로 거둘 때에는 구걸하여도 얻지 못하리라"(잠 20:4).

- "자기의 토지를 경작하는 자는 먹을 것이 많으리라"(잠28:19).

결론적으로 말해서, 열심히 하면 잘 될 것이다. 열심히 하는 것 외에 다른 방법은 없다. 열심히 일하는 것을 몸에 익히라.

부모에 대한 책임을 다하기 위해

대부분의 학생들은 학교에 다니는 동안 부모님들에게서 얼마간의 재정적 도움을 받는다. 학생들은 부모-자식 관계 외에 이런 재정적 지원을 받기 때문에 부모들에 대한 책임이 있다. 십계명은 "네 부모를 공경하라. 그리하면 너희 하나님 나 여호와가 준 땅에서 네 생명이 길리라"(출 20:12)고 말한다.

부모는 자기의 자식들이 좀더 많은 교육을 받게 되기를 원한다. 물론 이런 소망이 항상 옳은 것은 아니다. 그러나 대부분의 경우 부모들은 학교에 다니고 있는 자기 자식들이 공부하는 일에 최고의 관심을 두기를 원하고 있다. 부모로부터 경제적 지원을 받고 있다면 당신은 그 도움에 보답해야 할 책임이 있다. 많은 부모들이 막대한 개인적 희생을 감수하면서 그들의 자녀들을 교육시킨다. 당신은 부모들의 이런 희생을 인정하고 존경함으로써 그들에게 보답할 수 있어야 한다. 지금 할 수 있는 가장 확실한 방법 한 가지는 공부를 잘 하는 것이다.

부모님의 재정적 도움을 받지 않는 학생들의 경우는 그러한 책임이 불

분명해진다. 이런 경우 부모에 대한 당신의 의무를 다하기 위해서 출애굽기 20:12과 에베소서 6:2에서 말하는 "공경하라" 는 용어를 깊이 묵상해볼 필요가 있다. 그러면 당신은 부모의 기대가 있기 때문에 여전히 열심히 공부해야 할 의무가 있음을 깨닫게 될 것이다.

대학이 적성에 맞지 않는다고 열심히 공부하지 않아 낙제하는 그런 경박한 행동은 하지 말라. 공부하는 일에 최선을 다하라. 그리고 자신의 확고한 결심에 의해서만 학교를 떠나야지 어쩔 수 없게 되어 학교를 떠나는 일이 생기지 않도록 하라.

직업을 갖기 위해

교육의 마지막 결과는 학위증 한 장이 아니다. 그것은 오히려 직업이라고 할 수 있다. 지금 당신은 미래로 향해 가는 길 위의 한 정거장에 서 있다. 앞으로 남은 삶을 성공적으로 살기 위해 당신은 이미 받은 교육과 직업을 연관시켜야 할 것이다.

물론 많은 학생들이 졸업 후에 진로를 바꾸거나, 자신들이 훈련받은 것과 다른 직에 종사하게 될지도 모른다. 그러나 학교시절 받은 기초 교육이 있어야 또 다른 기회를 이용할 수 있다. 당신은 대학원에서 다른 분야를 공부함으로써 직업을 바꿀 수도 있다. 그러나 당신은 곧 대학교 학점이 너무 나빠 대학원에 진학할 수 없음을 발견하게 될 것이다. 당신은 학부에서 취득한 학점을 바꿀 수 없다. 가끔 사람들은 이렇게 말한다. "학점은 중요한 게 아냐. 학위를 받는 것이 중요해." 어느 정도 사실이다. 회사들은 학위를 취득했느냐에 강조점을 둔다. 그러나 그들은 또한 학점과 교과 과정의 난이도, 그리고 취득한 성과를 본다. 그들은 일을 잘하는 생산적인 사람을 필요로 한다. 그렇기에 당신의 학점과 교과과정을 가지고 당신을 평가할 것이다. 물론, 공부한 분야가 전문적이면 전문적일수록 당신의 교과과정과 성적은 더욱 중요해진다.

더 큰 자유를 얻기 위해

지금까지 관찰해 본 바에 따르면 학교에서건 다른 분야에서건 공부를 잘 한 학생들이 그렇지 않은 학생들보다 인생에서 더 넓은 선택의 폭과 기회를 가졌음을 알 수가 있다. 어떻게 공부해야 좋은 점수를 얻을 수 있는지 깨닫게 될 때 크나큰 압박에서 자유로워 질 수 있다. 학기 동안 내내 공부를 잘 하면 학기가 끝남과 동시에 자유를 얻는다.

한 과정에서 기초 지식을 얻으면 그 다음 과정은 훨씬 쉬워진다. 나는 학부 때 전공 선택 중 한 과목의 성적이 부진했었다. 그 결과 나는 기초 지식의 부족으로 다음 과정에서 상당히 고전해야 했다. 나쁜 성적의 대가를 톡톡히 치렀던 것이다.

학부의 전과정을 충실히 공부하면 졸업 후에 좀더 넓은 선택의 폭을 갖게 될 것이다. 게으른 학생이 직업을 갖는다는 것은 정말 운이 좋은 경우뿐이다. 공부를 잘 할 수 있는 방법을 배우라. 그러면 압박으로부터 좀더 많은 자유와 넓은 선택의 폭을 갖게 될 것이다.

왜 공부하나? · · · > 3. 개인적 관점

공부를 잘 하려면 내적동기가 있어야 한다. 그것은 성취를 위한 가장 좋은 활력소다. 그리스도인 학생들이 대학에서 열심히 연구하고 일하도록 하는 가장 만족할 만한 동기는 다음과 같이 단순 명료하다.

하나님께 대한 복종 때문에

최상의 동기는 하나님을 기쁘시게 하는 것이다. "일의 결국을 다 들었으니 하나님을 경외하고 그 명령을 지킬지어다. 이것이 사람의 본분이니라"(전 12:13).

누가복음 6:46에서 예수께서는 이렇게 물으셨다. "너희는 나를 불러 주여, 주여 하면서도 어찌하여 나의 말하는 것은 행치 아니하느냐?"

예수 그리스도께서는 복종과 신실성을 매우 강조하셨다.

공부하는데 게으른 것이 정말 죄가 되는가? 야고보서 4:17에 의하면 죄가 된다. "너희가 선을 알고도 행치 아니하면 죄니라."

배움과 지식의 습득을 위해

배운다는 것은 하나님의 창조사역을 경이롭게 살펴보는 것이며 역사 속에서 행하시는 그의 능하신 팔을 바라보는 것이다. 예술, 문화, 음악과 같은 분야에서 사람들에게 주신 창조적 재능을 살펴보는 것이기 때문에 배움과 지식을 습득하는 것은 곧 하나님께 배우는 홍미진진한 작업이기도 하다. 대개의 사람들은 한 가지를 배울 경우 또 다른 것을 배우고 싶은 욕구를 갖게 된다. 그러나 대부분의 학생들은 지식에 대한 갈망이 부족하다. 이는 그들의 분야에서 필요한 기초 지식을 모르고 있기 때문이다. 그렇기에 그들은 학문의 세계에서 살아남으려고 버둥거리게 되며 그 결과

배움의 기쁨을 느끼지 못하게 된다.

교육의 주된 목적은 행하게 하는 것이 아니라 생각하는 사람을 만드는 것이다. 하나님께서 우리에게 주신 이성을 잘 관리하고 이용하면, 우리는 개인적인 영적 생활과 다른 사람을 위한 우리의 장래의 사역을 포함한 삶의 전 영역에서 유익을 얻게 될 것이다. 생각하고 분석하고 지식을 선용하는 방법을 배우기 때문에 또한 하나님의 말씀을 좀 더 잘 공부할 수 있고, 사람과의 관계를 좀 더 부드럽게 할 수 있으며, 우리의 재능을 발전시킬 수도 있다.

지식에 대한 갈증은 하나님께서 주신 소중한 선물이다. 그것을 받아 누릴 수 있게 해 달라고 기도하라.

좀 더 나은 미래를 준비하기 위해

우리는 종종 좀 더 나은 미래를 위하여 수많은 불편과 힘든 일들, 심지어 혐오스러운 일까지도 감수한다. 어떤 학생들은 학교생활을 단지 즐기기 위한 기간으로만 보는데 그것은 잘못된 생각이다. 학창시절이란 특정한 목표에 도달하기 위해 필요한 과정을 이수하는 기간인 것이다.

많은 사람들이 위대한 미래를 계획하고 꿈꾼다. 그러나 상응하는 희생은 계산하지 않는다.

> "너희 중에 누가 망대를 세우고자 할찐대 자기의 가
> 진 것이 준공하기까지에 족할는지 먼저 앉아 그 비
> 용을 예산하지 않겠느냐. 그렇게 아니하여 그 기초
> 만 쌓고 능히 이루지 못하면 보는 자가 다 비웃어 가
> 로되 이 사람이 역사를 시작하고 능히 이루지 못하
> 였다 하리라" (눅 14:28-30).

미래의 목표를 이루기 위한 비용이 학비일 수 있다. 미래에 대한 생각을 가질 때 지금 지불해야 할 대가를 마땅히 지불할 각오와 결단이 서는가? 당연히 그래야 한다.

어떤 이들은 미래를 걱정하지 말아야 한다고 말한다. 예수께서도 "내일 일을 염려하지 말라"(마 6:34)고 말씀하시지 않았는가? 그러나 하나님께서는 자기와 함께 하지 않는 계획은 거절하신다. 잠언 16:9절은 이렇게 말씀하고 있다. "사람이 마음으로 자기의 길을 계획할지라도 그 걸음을 인도하시는 자는 여호와시니라." 우리가 계획하면 하나님께서는 우

리를 한 걸음 한 걸음 인도해 주신다. 궁극적으로 모든 계획은 일련의 믿음의 단계들이다. 하나님께서 계속해서 인도하시고 복을 주시리라는 목표와 계획, 그리고 하나님께서 한 걸음 한 걸음 인도하신다는 확신이 우리로 하여금 열심히 일하게 한다.

이런 관점에서 본다면, 당신이 절망하는 것은 확실한 목표와 계획이 없기 때문인지도 모른다. 이 점에 대해서는 뒤에서 좀 더 상세히 다루게 된다. 여기서는 단지 학위취득을 위해서 필요한 일반적인 공부계획을 스스로 세울 수 있도록 도우려 한다. 언제든지 계획은 바꿀 수 있다. 어떤 이는 간단하게 "아무 것도 목표하지 않는다면 아무 것도 얻을 수 없다"고까지 말한다. 목표를 설정하라.

공부 자체가 교육에 있어서 전부인가?

아마 당신은 내가 교육에 있어서 배우는 면만을 지나치게 과장하여 강조하고 있다고 생각할지 모른다. 좋은 점을 지적했다. 균형이 필요하다. 교육은 기교 이상의 것을 전달해야 한다. 그것은 우리가 살고 있는 세계에 관한 기본적 이해를 제공해야 하며, 사람들과 더불어 사는 능력을 배양시켜 주어야 한다. 교육은 학위 이상의 것이다. 또 다른 요소가 있다면 사회적 상호작용, 사고하는 것과 문제를 토론하는 방법 그리고 우리 세계를 분석하는 방법에 대해 배우는 것이다.

위대한 과학자 아인쉬타인(Albert Einstein)은 이점을 잘 요약해 주고 있다. "학생이 가치관을 갖고 가치에 대한 생생한 감각을 갖는 것은 필수적이다. 또한 미와 도덕적 선에 대한 생생한 감각을 가져야 한다. 그렇지 않으면 그는 조화롭게 발전된 사람이라기 보다는 전문화된 지식을 가진 잘 훈련된 개와 유사한 사람이 될 것이다." 대학의 교과 과목을 공부하는 것은 교육의 일부분일 뿐이다. 하지만 그것은 다른 것을 얻기 위해서는 반드시 습득해야할 필수 불가결의 요소이다.

요점

****

삶이란 책이나 교육 이상의 것이다. 그러나 하나님께서는 당신을 지금 책을 접하며 교육을 받을 위치에 놓아 두셨다. 그러므로 당신은 어떻게 그것을 완성해야할지 알아야 한다. 공부하는 방법을 아는 것이 당신을 소모시키기보다는 좀더 자유롭게 만든다는 시각을 갖게 될 때, 공부하는 생활이 의미 있고 즐거운 것이 될 것이다. 공부하려고 결심하는 것과 어떻게 공부할 것인가를 아는 것은 매우 밀접한 관계를 가진다. 이 둘 사이가 멀어지게 될 때 학문적 실패에 이르게 될 것이다. 그러나 이 책에서 전하는 공부법칙을 조심스럽게 따르면 그런 것은 전혀 문제되지 않을 것이다.

2 공부가 즐거워지는 12가지 신앙원칙

우리는 그동안 좋은 학점을 쉽게 취득할 수 있는 방법을 얻기 위해 얼마나 많은 돈을 지불하려 했는가? 그 방법이 별로 도움이 되지 못했다면 또 새로운 방법을 위해 얼마나 돈을 투자하려 할 것인가? "무료 점심 같은 것은 없다"라는 표현이 여기에도 적용된다. 전혀 공부하지 않고 학교 생활에 성공할 수는 없다. 그러나 이 점은 보장 할 수 있다. 만약 이 장에서 제시한 원칙들을 주의 깊게 따른다면, 시간과 노력을 덜고도 좋은 학점을 취득할 수 있다는 것이다.

나는 이 장에서 제시된 방법들을 신뢰한다. 쉽고 절대적으로 믿을 만한 방법이라고 확신하기 때문이다. 가장 중요한 점은 이 방법들을 기꺼이 따르고자 하는 자세이며 실제로 적용하는 것이다. 당신은 기도할 수도, 책을 읽을 수도 있다. 약속을 하고 조력을 구할 수도 있다. 그러나 실제로 해 보고자 하는 굳은 결심이 없다면 전혀 소용이 없는 일이 될 것이다.

이 책의 마지막 부분에 가서 그 문제에 대해 좀 더 논의할 것이다. 지금은 어떤 방법도 실제로 하지 않으면 아무 소용이 없다는 사실만 다짐하고 넘어간다. 물론 공부하지 않고도 모든 과정을 잘 통과할 수 있는, 특별히 머리가 총명한 극소수의 학생들이 있다. 또한 머리는 뛰어나지만 공부하지 않아서 뚜렷한 직장을 얻지 못한 사람들도 많다. 공부하는 데 있어서 선천적 재능이나 능력을 믿지 말라.

원칙 ❶ 하나님의 일을 최우선 순위에 놓으라

대학을 졸업한 후 나는 학교에 남아 있기를 원치 않았다. 싫증이 났기 때문이다. 그러나 하나님은 선한 계획을 가지고 계셨다. 3년 후에 나는 석사 학위를 취득하기 위해 다시 학교로 발걸음을 돌렸다. 솔직히 나는 두려웠다. 한 번도 자신을 학생이라고 생각해 본적이 없었다. 그러나 열심히 공부하는 것만은 할 수 있었다. 또한 바쁘다는 이유로 하나님과 유리되어 살 수 있는 성품을 가지고 있음을 알고 있었다. 나는 당시 그리스도를 나의 주로 신뢰하겠다는 중요한 결단을 내린 때였다. 학교로 돌아가는 것이 하나님의 뜻이었다. 그래서 기본적인 서약을 하였다.

"매일 성경을 읽는 시간과 어떤 일을 하기 전에 기도의 시간을 가질 것을 하나님께 서약합니다."

아침에 수업이 있으면 먼저 하나님과 충분한 시간을 보내기 위해 일찍 일어나기로 결심했다. 수업이 없으면 공부, 혹은 다른 어떤 일을 하기 전에 경건의 시간을 가지길 원했다. 하나님과 약속했기 때문에 내가 말씀 읽는 일과 기도하는 일에 시간을 보내야 할지 말아야 할지 주춤거릴 필요가 없었다. 하루의 시간표와 관계없이 성경 읽는 것과 기도하는 것은 최우선 순위에 놓여 있었다. 그것은 내가 한 결심 중에서 가장 중요한 것이었다. 단 10분, 혹은 15분의 시간이지만 하나님을 최우선 순위에 놓은 것이다. 하나님은 그것을 기뻐하셨다.

어떤 시간을 선택했든지 (나는 아침 이른 시간을 매우 선호한다) 그것을 계속하라. 남는 시간에 그것을 하겠다고 생각하지 말라. 하나님과 만

나는 중요한 시간을 설정하라.

하나님께 대한 이런 헌신은 다른 공부의 원칙들을 세우는 기초가 된다. 어떤 다른 우선 순위를 설정한다면 여기서 제시하는 원칙들은 세속적 유익을 추구하는 또 다른 격언들이 되고 말것이다. 효용성의 측면에서 그렇다는 것이다. 그러나, 당신은 단순히 공부하는 것 이상의 것을 원할 것이다. 당신은 하나님께서 당신의 일생과 노력에 복 내려 주시기를 원할 것이며 , 오직 하나님께서 주시는 성공을 원할 것이다.

하나님께 다음과 같은 서약을 해보라.

다음 (   )월에는 매일 매일 공부하기 전이나 어떤 일을 시작하기 전에 최소한 (   )분씩을 성경 읽는 것과 기도하는데 할애할 것을 하나님 앞에 서약합니다.

_______________________________ (서 명)

_______________________________ (날 짜)

하나님과의 서약에 서명하는 선례에 대해서는 느헤미야 9:38절을 참고하라. "우리가 이 모든 일을 인하여 이제 견고한 언약을 세워 기록하고 우리의 방백들과 레위 사람들과 제사장들이 다 인을 치나이다 하였느니라."

그와 같은 서약을 했음을 후회하지 말라. 스스로의 문구를 만들기를 원한다면 하나님과의 개인적인 언약에 따라 간단히 그것을 기록하고 서명하라.

나는 당신을 속이고 싶지 않다. 공부할 때는 내가 이 장에서 제시할 원칙들을 적용해야만 한다. 그것을 시험해 보고 싶다면, 최소한 한 학기동안 시험해 보라. 몇 주는 의미가 없다. 유일한 긍정적 증거는 분기 전체, 혹은 한 학기동안 적용시켰을 때 얻을 수 있다.

원칙 ❷ 수업 시간에 결석하지 말라

강의나 실험은 학교에서의 학습과정에 있어 핵심이다. 어떤 책도 교수나 강사에 의해 제시되는 전문적 설명을 대신할 수 없다. 물론 많은 과목의 수업을 빼먹고 나중에 책이나 노트에서 그것을 보충할 수 있다. 그러나 그것은 다음과 같은 몇 가지 이유로 해서 좋지않다.

- 대부분의 교과 과정이 교과서에 따라서만 전적으로 운영되는 것이 아니다.
- 많은 교재들은 강의나 토론을 통해 부연 설명되어야 한다.
- 시험에 출제되는 몇 가지는 오직 강의 시간에만 제시된다.
- 일반적으로 중요한 요점에 대한 강조는 구두로 행해진다.
- 시험을 위해 준비해야 할 것이 수업 시간을 통해 제시되기도 한다.
- 강의하는 사람은 출석을 불러서 누가 결석했는지 체크하여 학점을 결정하기 어려운 상황에서 학점을 줄 수도 있다.

나는 다음과 같은 말들을 자주 들어 왔다. "강의보다는 책에서 좀 더 많은 것을 얻을 수 있었어." "그 강의는 300명이나 수강 신청했어. 나는 낙제하지 않을 거야." "나는 이 세상에서 가장 엉터리 교수의 수업을 듣고 있어."

이런 주장은 모두 약간의 사실을 내포한다. 많은 교수들이 가르치는데 능숙하지 못하다. 많은 과정의 강의가 지루하다. 그럴 수 있다. 그래도 수업 시간에 빠져서는 안된다. 원칙 2에 대해 반대하기 전에 그것을 한 학기만 시험해 보라. 가장 나쁜 선생에게서 배운다 해도 이 원칙을 적용함으로써 좀 더 많은 것을 얻을 수 있을 것이다.

정당한 이유로 수업에 불참하게 되었다면 가능한 한 강의하는 사람에게 사전에 인지시키라. 그러면 혹시 있을지도 모르는 과제에 대해서 알게 될 것이다.

원칙 ❸ 준비 없이 수업에 임하지 말라

수업 준비는 강의를 이해하는 열쇠이다. 불행하게도 많은 학생들이 거의 이해하지도 못한 채 단순히 필기만 한다. 수업 시작 전 20분 동안 읽는 것이 수업 후 공부 시간 1시간을 줄여 준다는 사실을 알라. 수업 시작 전 20분 동안의 준비가 수업 시간에 큰 도움을 줄 수 있기 때문이다. 준비는 교실 안과 밖에서의 효율성을 보장해 준다. 많은 학생들이 강의를 통해 별로 얻지 못하는 것은 준비 없이 수업에 임하기 때문이다.

물론 이런 반박들이 있을 수 있다. "교재와 강의 사이의 비교는 있을 수 없다." "나는 예습은 커녕 숙제조차 끝낼 수가 없었다." "나는 강의를 먼저 들어야 교과서를 더 잘 이해할 수 있다." 물론 어떤 과목은 준비하기가 어렵다. 그러나 대부분의 과목은 예습할 수 있다.

원칙 ❹ 필기를 잘 하라

교수가 교재를 단순히 죽 읽어나가는 식이 아니라면 강의 시간에 반드시 노트를 잘 해야 한다. 노트를 잘 정리할 수록 그 과목을 더 잘 공부해 나갈 수 있다. 교재를 미리 읽어둘 수록 기본적인 용어와 교과에 익숙해지기 때문에 좀 더 쉽게 노트 할 수 있다.

기술적인 과목에서는 보충설명을 포함한 일체의 것들을 필기할 필요가 있다. 미리 예습을 했다면, 어떤 방정식인지를 알아볼 수 있을 것이고, 설명을 들으면서 그것을 응용할 수 있을 것이다. 인문 과학이나 사회 과학에서는 중심 사상과 구절을 인식하고 필기할 수 있는 능력을 개발해야 한다. 만약 수업 전에 미리 예습했다면, 준비하는 동안에는 인식하지 못했던 점을 강의 시간에 쉽게 식별해 낼 수 있을 것이다.

학생들은 대개 학기마다 매우 어려운 과목 하나씩은 접하게 된다. 그러한 과목은 다른 모든 과목들을 합한 것만큼의 노력과 시간을 요구한다. 때로는 그 과목을 이해할 수 없을지도 모른다. 하지만 나는 그와 같은 과목들을 수강하면서 살아 남는 방법을 개발했다. 그것은 매시간 수업 후 노트를 가능한 한 빨리 다시 정리하는 것이다. 이해한 것을 명확하게 기록했고, 자신의 비평을 첨가했다.

이런 작업은 너무나 많은 시간을 소모하는 것이기 때문에 한 학기에 한 과목 이상은 힘들다. 하지만 이 방법을 사용하면 큰 효과를 거둘 수 있을 것이다.

원칙 ❺ 모든 과목에 규칙적인 시간을 할애하라

우리들 대부분은 "삐걱거리는 돌쩌귀" 원칙에 의지해 생활한다. 돌쩌귀는 삐걱거릴 때마다 기름을 쳐 주어야 한다. 마찬가지로 학생들은 부담을 주는 일이나 과목에 노력을 쏟는다. 그 모양은 흔들의자로 가득한 방 안에 있는 꼬리 긴 고양이 – 몹시 흥분해서 꼬리가 흔들의자에 깔리지 않도록 이리저리 뛰어 다니는 고양이 - 신세와 같다. 한 위기에서 다른 위기로 옮겨 다니지만, 그 위기를 잠재울 수는 없는 것이다.

이런 부담감은 평소 매 과목에 규칙적인 시간을 할애함으로써 해결할 수 있다. 많은 학생들은 단지 숙제를 하거나 시험에 대비하기 위해서만 공부한다. 하지만 상황이 닥쳐야만 공부하는 습관을 버리고 매일 혹은 매주 규칙적으로 부과된 일이 없더라도 각 과목당 최소한 몇 분씩을 투자해 보라. 반드시 몇 배의 이득을 거두게 될 것이다.

특별히 인문 과학에 속하는 어떤 과정의 경우는 시험보기 며칠 전이나 과제를 제출하기 며칠 전에 벼락치기 공부를 해도 좋은 결과를 기대할 수 있는 경우가 있다. 그러나, 이런 습관은 점진적인 학습 과정을 방해하며, 익혔다가 금방 잊어버리는 공부가 되기 쉽다. 몇몇 사람들은 벼락치기 공부에 강하다. 그러나 그들 중 대부분의 학생들은 적절한 성공을 거두지 못한다.

원칙 ❻ 모든 과제를 하라

과제는 일반적으로 두 가지로 대별된다. 부과되기는 하지만 제출의무가 없는 것과, 제출해서 학점을 받아야 하는 것이 그것이다. 내 경험상 시험 성적과 과제 준비와는 밀접한 상관 관계가 있다. 과제는 시험과 직결된다. 특히 과학이나 기술 과목에서는 더욱 그렇다. 인문학 분야에서도 그 상관 관계는 밀접하지만 다소 간접적인 방법으로 행해진다.

강의와 과제의 목적이 정보나 기술을 나누기 위한 것임을 잊지 말라.

시험의 목적은 분리해서 부과한 지식이나 기술을 선택적으로 모으는 것이다. 보편적인 것을 묻는 시험은 거의 없다. 그러므로, 공부의 요체는 시험을 통과하는 것뿐 아니라 과목을 이해하는 것이다. 두 가지 모두를 병행해야 한다.

부과된 과제를 완성하거나 읽은 것을 무시하면 심각한 결과를 초래할 수 있다. 물론 그것은 시간과 노력을 요구한다. 그러나 그렇게 시간과 노력을 요구하는 만큼 충분한 가치가 있다. 어떤 과목을 잘 하려면 두 가지 모두가 필요하다.

이렇게 질문 할 수 있을 것이다. "정말 모든 종류의 숙제를 해야 한다는 말인가요?" 그렇다. 대부분의 과정들, 특히 학부과정은 부과되는 과제의 양이 합리적이다. 그러나 극소수의 과목에 있어 과제 부담률이 커서 그것을 못할 수도 있을 것이다. 나는 그런 과목을 경험하지 못했지만 있을 수도 있을 것이다. 만약 어떤 과제가 중요한 것인가를 선택해야 한다면 그것을 선택적으로 할 수 있을 것이다. 물론 과제가 제출되는 것이 아니고 학점과 관계없는 것이라야 그렇게 할 수 있을 것이다.

원칙 ❼ 과제와 리포트를 일찍 시작하라

나는 공학 과목에서 컴퓨터 프로젝트 과제를 부여받은 적이 있었다. 두 학생이 함께 작업해야 했다. 그래서 나는 학급의 다른 그리스도인 학생과 함께 그 일에 착수했다. 전에 그는 개인적으로 부과된 과제를 좀 늦게 제출한 적이 있었다. 나는 우리가 함께 작업하려면 하나의 전제 조건이 있다고 그에게 말했다. 즉 바로 다음 날부터 그 과제를 시작해야 한다는 것이었다. 그는 믿을 수 없다는 듯이 나를 쳐다 보았다. 제출 일이 한 달이나 남아 있었기 때문이었다.

우리는 다음 날 우리의 과제를 시작했고, 놀랍게도 학급의 다른 학생들이 그것을 시작하기도 전에 그 과제를 마칠 수 있었다. 우리는 여유를 가지고 우리의 과제를 계획했으며, 마지막 두 주는 우리의 결과를 확인하기 위해 시험 작동까지 해보았다. 당황할 이유가 없었다. 나의 동료는 이 전에 자기가 해오던 것과 다른 습관, 방식이 가져온 결론에 놀라움을 표했다.

숙제이건 학기말 리포트이건, 아니면 또 다른 과제이건 간에 일찍 시작하면 할 수록 일은 그만큼 쉬워지고 학점은 더 잘 나올 것이다. 때때로 너무 일찍 시작해서 정보가 부족할지도 모른다. 후에 강의될 것들이 필요할지도 모르고 너무 일찍 시작해서 약간의 시간을 허비하게 될 지도 모른다. 그러나 학기말 리포트를 위한 주제를 선택할 수 있을 것이며, 개요를 만들 수도, 연구 계획을 짤 수도 있다. 그리고 계획표를 만들 수도 있다.

물론 극소수의 학생들은 천재라서 제출하기 전에 하룻밤을 새워서 양질의 리포트를 낼 수도 있다. 그러나 당신이 그런 천재인가? 스트레스를 덜 받고 좀 더 좋은 점수를 얻을 수 있다면 그와 같은 기회를 왜 이용하지 않겠는가?

교육은 사고하는 법을 가르친다. 사고하는 것은 시간이 필요하다. 과제를 일찍 시작하는 것은 마감 날짜에 대한 부담감 없이 그것에 관해 생각할 시간을 준다. 마지막 순간까지 일을 남겨두는 습관은 직업 전선에 나갔을 때 심각한 문제로 대두될 것이다. 거기에는 학기란 없으며 매달 새로운 출발 만이 있을 뿐이다. 당신의 실수는 수 년 동안 당신을 괴롭힐 것이다.

원칙 ❽ 과제나 숙제를 늦게 제출하지 말라

과제물이나 숙제를 늦게 제출한다고 해서 정한 시간 내에 제출하는 것
보다 시간이 덜 걸리는 것은 아니다. 많은 학생들의 고질적인 습관 중 하
나는 숙제를 늦게 제출하는 것이다. 늦게 제출하는 숙제는 대부분의 학생
들이 생각하는 것보다 훨씬 더 결정적으로 좋지않은 영향을 학습활동과
학점에 미친다.

먼저, 늦게 제출한 숙제는 항상 낮은 학점을 얻을 수 밖에 없다. 둘째
로, 늦게 제출한 숙제는 강의와 학급의 진도와 조화되지 않기 때문에 그
가치가 낮게 평가된다. 셋째, 늦게 제출한 숙제는 일반적으로 시간 내에
내려는 서두름 때문에 내실이 없다.

물론 우리 모두는 늦게 제출된 대부분의 숙제가 시간의 부족 때문이 아
니며 게으름 때문임을 안다. 합리적인 문제가 숙제하는 과정에서 발생하
면(예컨대 병과 같은 문제) 먼저 교수에게 알리라. 대부분의 교수들은 벌

점 없이 늦게 내는 것을 허용할 것이다. 마감 날 후에는 그런 이유로 늦게 내는 것을 허용할 교수가 거의 없다.

원칙 ❾ 가능한 한 많은 책을 읽고, 선택적으로 부가되는 숙제를 많이 하라

대부분의 교수들은 심화 학습을 위해 좀 더 많은 책을 읽고 좀 더 많이 공부하라고 할 것이다. 가끔 A라는 학생과 B라는 학생에게 선택적으로 부가되었던 숙제가 시험 범위에 포함될 것이다. 좀더 많은 선택을 해서 공부를 하면 그만큼 결과는 좋을 것이다.

원칙 ❿ 도움을 구하라

강의하는 사람에게 도움 구하기를 주저하지 말라. 그들은 일반적으로 공식적인 근무시간을 지킨다. 만약 당신이 수용할 준비만 되어 있다면 기꺼이 도와줄 것이다. 당신이 정말 특정과목에 자신이 없다면, 도움을 얻을 수 있는 기간이 지나기 전에 대처하라. 학기 중 1/3이 지났을 때 자신의 진보에 흡족함을 느낄 수 있어야만 한다. 교수를 찾아갈 때는 질문할 것을 메모해 가라. 그러면 그것들을 잊지 않을 것이다. 교수는 당신과의 대화를 통해서 당신이 그 과목에서 도움이 필요한 다른 분야가 있는지를 알게 될 것이고 그것을 도와줄 수도 있을 것이다. 당신에 대한 환대를 악용하지 말라. 특히 도움을 구하기 전에 문제를 해결하기 위한 노력을 경주할 필요가 있다.

교수와 면담할 수 없으면, 다른 학생들과 이야기하라. 물론 그 학생들은 그 과목에 대해 잘 아는 학생이어야 한다. 매번 다른 사람들이 얼마간 당신의 문제를 해결해 줄 수도 있다.

주어진 숙제가 학점과 관련이 없는 것일 때, 다른 학생과 공동 작업을 하거나, 다른 학생의 것과 비교를 하면 도움이 된다. 이것은 특별히 난해한 과목을 공부할 때 도움이 된다. 그러나 이 때 함께 하는 시간을 공부하는데 투자해야지 대화하는데 투자하면 안된다.

원칙 ⑪ 시험을 치르는 방법을 배우라

당신은 학과목에 대해 잘 알면서도 시험을 망친적이 없는가? 우리들 대부분은 이런 경험과 무관하지 않다. 시험을 치르는 기술이 필요하다. 어떤 사람은 그것을 잘 이용한다. 그러나 많은 사람들이 계속적으로 같은 문제에 부딪힌다.

모든 시험은 보편적이기보다는 어느 정도 선택적이다. 수학이나 과학의 문제, 논문, 혹은 선다형 문제와 같이 각각의 시험 유형은 약간씩 다른 방법을 필요로 한다. 여기 몇 가지 힌트가 있다. 아마 도움을 받을 수 있을 것이다. 그러나 매일 온전히 공부하는 것 보다 더 좋은 방법은 없다는 사실을 먼저 명심하라.

1. 수업 시간에 열심히 경청하라

대부분의 선생들은 어느 정도 그들의 시험에 대해 가르쳐 준다.

2. 일찍 시험을 대비하라

시험 전날 저녁이 될 때까지 기다리지 말라. 3,4일 전부터 짧은 시간에 걸쳐 복습한다면 당신은 그 과목을 공부하고 있지 않을 때조차도 그것이 뇌리에서 떠나지 않음을 경험하게 될 것이다. 문제가 비슷할 듯 싶으면 숙제했던 것을 다시 살펴 보라.

3. 하나님의 도움을 구하라

올바른 것을 공부할 수 있는 혜안을 달라고 기도하라. 시험이 시작되면 공부한 것이 잘 생각나게 해 달라고 기도하라. 공부하지 않았던 것을 계시하시는 기적을 베풀어 달라고 기도할 수는 없다. 그러나, 때때로 나는 지난 학기에 배웠던 것을 회상해야 하지만 그렇게 할 수 없을 때가 있었다. 그때 나는 기도하는 가운데 하나님께서 특이한 방법으로 내 기억력을 재생시켜 주심을 경험했다.

4. 공식이나 사실, 혹은 다른 자료들과 같은 중요한 정보는 암기하라

암기하기 위해 그것을 서너 번씩 써 보라. 시험이 시작되면 빨리 그 정보를 써 놓으라. 그러면 그것을 뇌리 속에 기억하려 할 필요가 없다.

5. 시험지 전체를 읽으라

많은 학생들이 시험칠 때 시간을 잘못 배정한다. 전체 문제 속에 무엇이 포함되어 있는지 모르기 때문이다. 전체 문제가 무엇에 관한 것인지 간파하라. 먼저 쉬운 문제를 택해 답하라. 그리고 그 다음으로 좀 더 어려운 문제를 해결해 나가라.

6. 문제를 읽고 이해하라

시험에서의 많은 오류는 무엇을 질문하는지 모르기 때문에 일어난다.
또 문제를 한번 더 읽는 데는 15초에서 30초의 시간이 필요할 뿐이다.

7. 해답을 쓰지 않은 문제가 없게 하라

가능하다면 최소한 부분적인 답안이라도 쓰라. 대부분의 교수들이 약
간의 점수를 줄 것이다.

내 기억에 남는 한 번의 시험이 있다. 그 시험에서 어떤 문제를 풀 수
없었다. 나는 당황했지만 곧 기도했다. 나는 매 문제에 내가 할 수 있는
최선을 다 했다. 놀랍게도 나는 대부분의 문제에서 약간씩의 점수를 받았
으며, 그 학급에서 최고 학점을 받았다.

8. 시간이 있다면 해답을 다시 살펴 보라

하나 혹은 두 개의 잘못된 해답을 발견 할 수도 있고 5-10점 정도의 점
수를 높일 수도 있다. 그것은 노력할 만한 가치가 있는 것이다.

원칙 ⑫ 부정 행위를 하지 말라

당신은 내가 왜 그리스도인 학생들을 대상으로 한 이 책에 이런 문제를 포함시켰는지 의아해 할 수도 있다. 많은 학생들이 일상적으로 부정행위를 일삼고 있다. 어떤 학생들은 또 이것을 이유로 자신의 부정행위를 정당화 하기도 한다. 그리고 그것을 자기 방어의 수단으로 사용한다. 그러나 부정행위는 정직을 명하신 하나님의 명령(잠20:17; 행5:1-11; 엡4:25; 골3:9)을 어기는 것이며, 학칙을 어기는 것이다.

가끔 이거나, 혹은 습관적인 부정행위의 결과는 많은 영향을 미친다. 그것은 양심을 파괴한다. 그것은 우리의 신분을 조롱거리로 만든다. 그것은 우리의 성실성에 흠집을 낸다. 미래의 삶을 위해 불법적인 지름길을 취하게 하는 습관을 갖게 하는 것이다.

요점

****

어떤 때에는 최고의 학점으로 안내하는 요술 돗자리가 있었으면 하기도 한다. 그러나 학교에서 좋은 성적을 얻는 것은 마술이나 요술이 아니다. 단지 훈련과 공부일 뿐이다. 올바른 방법으로 올바른 것을 배우고 있는지 주의하라. 여기서 말한 원리들은 당신이 바로 이런 일을 하도록 도와 줄 것이다.

이런 원리들은 효력을 발휘할 것이다. 그것들은 환상적인 이론이 아니다. 나는 반복해서 이 원리를 사용하여 좋은 성과를 얻었다. 당신은 이렇게 말할 수도 있다. "당신이 학부생일 때 그와 같은 일을 했나요?"라고. 단지 부분적으로 그렇게 했다고 본다. 그때 내가 그것들에 관해 알고 있었으면 좋았을 것이다. 나는 지난 날의 경험을 토대로 이와 같은 방법들을 개발했다. 나는 공부 초기에 이런 원리들을 알지 못했던 대가를 수도 없이 지불했다.

"당신은 가끔 이와 같은 원칙들을 무시할 수 있는가?" 물론이다. 혹은 그것들을 당신의 특성과 요구에 맞게 변화시킬 수도 있다. 그러나, 이미 언급한 원칙들을 사용함으로써 성공을 거둔 후에 그렇게 하라.

공부하는 원칙은 일반적인 것이다. 그렇기 때문에 어떤 전공이나 과목에도 적용될 수 있다. 공부의 각 영역은 약간씩 다른 접근법을 요구한다. 문학을 공부하는 것은 수학을 공부하는 것과 다르다. 역사는 기계공학의 문제중심, 해법중심의 공부방법과는 다른 공부방법을 요구한다. 우리는 특정한 부분의 학문에서 어떤 것이 그것에 맞는 공부방법인지에 대한 특정한 원칙들과 가르침들인지를 깨달아야 한다.

당신은 이런 충고를 무시하고 공부를 열심히 하지 않고도 학교를 다닐 수 있다. 그러나, 약간의 노력과 훈련만 한다면 우수한 성적을 낼 수 있는데 평범하게 머물러 있어야 하는가? 한 학기 동안만 해 보라. 반드시 좋은 결과를 얻을 수 있을 것이다.

3 새끼줄(Schedule) 꼬기

베스(Beth Turner)는 다람쥐 쳇바퀴 도는 듯한 한 주

간을 보냈다. 주일 밤에는 월요일에 있을 시험에 대비한

벼락치기와 지난 금요일에 제출하지 못한 숙제를 했다.

월요일은 아침에 시험을 본 후 수업이 없는 시간을 이용

하여 학생회관을 잠시 둘러보고 친구들과 커피를 마셨

다. 오후에는 빨래를 하고 저녁까지 친구들과 수다를 떨

었다. 저녁에는 장시간에 걸친 전화 통화와 소위원회 모

임, 그리고 방을 잠시 방문한 사람들과 더불어 시간을 보

냈다. 저녁 9시가 되어서야 비로소 공부를 시작했지만,

화요일에는 시급한 숙제가 없었기 때문에 10시 30분 경에 잠자리에 들었다.

화요일 1교시까지 잠을 잤다. 그러나 10시 수업에는 참석했다. 정오에는 성경공부 모임에 출석했고, 2시에 있는 실습시간까지 동료 기독교인들과 이야기를 나누었다.

수요일은 월요일과 비슷한 생활이었다.

목요일에는 금요일에 제출해야할 숙제와 가장 어려워하는 과목의 구두시험을 준비하느라고 바쁜 시간을 보냈다. 수업이 시작되기 전 2시간을 공부하면서 지냈고, 점심도 걸렀다. 그날 밤은 숙제하는 시간이 예상보다 길어졌기 때문에 2개 과목의 공부를 포기했다. 그런데도 자정이 되어서야 숙제를 끝낼수 있었다.

금요일에 그녀는 수업시간 틈틈이 두 개 과목의 구두시험을 준비하기 위하여 광적으로 복습했다. 안도감에 금요일 밤은 아무 일도 하지 않고 편히 쉬었다.

토요일엔 정오까지 잠을 잤다. 오후에는 축구 경기장

에 갔고, 저녁 모임이 있기 전에 1시간 정도 공부했다. 주일은 바쁘게 지냈다. 예배드린 후에, 그리고 저녁 식사 후에 공부했다. 특히 저녁시간에는 낮동안 친구들과 몇 시간 보냈기 때문에 월요일에 대비해서 늦도록 공부해야 했다.

일주일이 바쁘게 지나갔다. 바쁘게 지냈음에도 해놓은 일이 많지 않았기 때문에 베스는 의기 소침해졌다. 게다가 3주 내로 내야 할 학기말 리포트는 시작도 못하고 있었다.

앞 두 장의 내용에 비춰 우리는 베스가 좀 더 공부를 잘 하기 위해 할 수 있었을, 그러나 하지 않았던 몇 가지 사실을 발견할 수 있다. 그녀가 마지막에 실망과 좌절을 하지 않으려면 일주일의 계획을 어떻게 개선해야 할까?

공부하는 방법을 아는 것이 중요하다. 그러나 이에 못지 않게 중요한 것은 시간을 잘 이용하는 방법을 아는 것이다. 이 장에서 우리는 학교 생활, 각 학기, 일주일, 하루를 계획하는 방법을 배울 것이다.

일주일 계획

너무 방대한 계획은 한 두 주를 넘기지 못한다. 일주일의 공부 계획은 전술적인 것이다. 우리는 매주 새로운 환경과 요구에 직면하게 된다. 많은 학생들은 일주일의 계획을 세운다.(특정한 계획이 없다 하더라도 수업 시간이 언제 있는지를 기억하기 위해서이다.) 한 달 계획은 너무 길고, 하루 계획은 한 주를 일별로 보기에는 너무나도 짧다. 그러므로 한 한기를 시작하기 전, 제일 먼저 해야 할 일은 일 주일 계획을 세우는 일이다.

주간 계획표

수업 시간이 결정되면 먼저 학기내내 적용 가능한 주간 계획표를 만들어라. 거기에는 필수적인, 그리고 중요한 활동들이 포함되어 있어야 한다. 즉, 기도, 예배, 어학실습(직장인이라면 업무 계획)과 같은 건을 포함시켜야 한다. 표3-1은 주간 계획표이다. 계획표를 복사해서 이용할 수 있다. 표 3-2는 기초적인 주간 계획표의 한 예이다. 그것은 한 주간에 통상적으로 일어날 일을 표기해 둔 것이다.

<h1 align="center">계 획 표</h1>

주간계획

	일요일	월요일	화요일	수요일	목요일	금요일	토요일	
6:00								메모
7:00								
8:00								
9:00								
10:00								
11:00								
12:00								
1:00								특기사항
2:00								
3:00								
4:00								
5:00								
6:00								
7:00								
8:00								
9:00								
10:00								

표 3-1

<h1 align="center">계 획 표</h1>

주간계획

	일요일	월요일	화요일	수요일	목요일	금요일	토요일	
6:00		Q.T	Q.T	Q.T	Q.T	Q.T		메모
7:00	Q.T		특별기도및성경암송		특별기도		Q.T,성경암송	
8:00		수학 210	수학 210	수학 210		수학 210		
9:00	↑	경제학 150		경제학 150		경제학 150	일	
10:00	교회							
11:00	↓	물리학 121	물리학 121	물리학 121	물리학 121		↓	
12:00								
1:00		기계공학 105	↑	기계공학 105		기계공학 105		특기사항
2:00			물리실험					
3:00		일	↓	일		일		
4:00								
5:00		↓		↓		↓		
6:00								
7:00					성경공부			
8:00								
9:00					↓			
10:00								

표 3-2

계획표

주간계획	일요일	월요일	화요일	수요일	목요일	금요일	토요일	
6:00		Q.T	Q.T	Q.T	Q.T	Q.T		메모
7:00	Q.T		특별기도및성경암송		특별기도		Q.T,성경암송	
8:00		수학 210	수학 210	수학 210		수학 210		친구와
9:00	↑	경제학 150		경제학 150		경제학 150	일	사진촬영
10:00	교회							
11:00	↓	물리학 121	물리학 121	물리학 121	물리학 121			
12:00			공공회합		산책		↓	
1:00		기계공학 105	↑	기계공학 105		기계공학 105		특기사항
2:00			물리실험					금요일에
3:00		일	↓	일		일		수학시험.
4:00		↓		↓		↓		
5:00								
6:00	교회발표회				저녁초대			경제학
7:00					성경공부		농구경기	리포트
8:00					↓			시작할 것
9:00							↓	
10:00								

표 3-3

　한 주간에 통상적으로 진행되는 기본적인 계획 항목들을 모두 기입한 후 어떤 기간(넉달치 10장, 1학기치 16장)동안 충분히 쓸 수 있는 양을 복사하라. 시험적으로 2-3장의 복사본을 사용해 봄으로써 교과목을 정정해 보거나 계획표를 짜볼 수 있다.

　매주 초(주일 저녁이나 월요일 아침)에 그 주에 할 내용을 기초 계획표와 복사본에 첨가하라. 가능하면 무엇을 먼저 공부해야 할 것인지를 첨가하라. 특정한 주의 계획에는 시험, 위원회 모임, 야구 경기, 지도 교수와의 약속, 현장 학습 여행 등이 포함 될 것이다.

원한다면 공부 시간을 정해 둘 수도 있다. 그러나, 특정한 공부에 대한 계획은 매일 해야 한다. 주간 계획은 일간 계획의 지표가 될 것이다.

주간 계획표는 간단할 수록 좋다. 어떤 사람들은 복잡한 계획표를 선호하지만, 대부분의 사람들에게 복잡한 계획표는 부담감만을 준다.

주간 계획표에 모든 것을 기입하려 하지 말라. 모든 것을 적어 두면 멀지 않아 용기를 잃게 될 것이다. 표 3-3은 완성된 주간 계획표의 예이다.

공부 시간의 배당

우리들 대부분은 생각보다 훨씬 더 적게 공부를 한다. 우리는 많은 계획을 하지만 의도했던 것을 다 이루지 못한 채 세월을 보낸다. 심지어 스스로가 열심히 공부를 했다고 느낄 때 조차도 조심스럽게 뒤돌아 보면 우리가 생각했던 것보다 훨씬 덜 공부했음을 발견하게 된다. 공부 시간을 측정하는 것은 우리가 충분히 공부했다고 "느끼는가, 아닌가"에 의해 이루어지는 것이 아니다. 우리는 배당된 시간 내에 동기를 유발할 수 있는 어떤 목표를 설정해야만 한다.

확실히 대부분의 학생들은 최소한 매주 40-50시간을 수업과 공부에 투자할 수 있다. 그러므로 투자하는 시간이라는 측면에서 생각하면 공부하는 것은 일종의 직업과 같은 것이다. 주먹구구식으로 계산해 보아도 한 시간 강의를 듣기 위해 혼자 2시간 공부하는 것이 필요하다. 그러나 학부생들이 그와 같이 많은 시간을 매 강좌마다 투자하는 경우는 드물다.

아니, 심지어 요구되는 시간에 대한 평균적인 시간조차도 투자하지 않는다. 물론 어떤 강좌는 두 시간 이상의 시간을 요구하고, 또 어떤 강좌는 대단히 적은 시간을 요구하기도 한다. 만약 강좌 1시간당 두 시간을 혼자 공부해야 한다면 17시간을 요구하기도 한다. 17시간의 강의를 듣기 위해서는 수업을 포함해서 주당 총 51시간을 공부해야 한다.

어학 실습수업은 보통 2-3시간을 실습하고 1학점을 준다. 따라서 어학 실습 1학점을 취득하기 위해서는 많은 공부시간이 필요하다. 가끔 간단한 시험이 실습시간에 부과되기도 한다. 나는 한 강의당 평균 1.5배의 공부 시간을 가질 것을 권한다. 어떤 과목은 단 한 시간이 요구되기도 하고, 또 어떤 과목은 2시간, 혹은 그 이상의 시간이 요구되기도 한다. 다음 두 가지 예를 생각해보자.

어학 실습 강좌가 없는 15시간 수업, 자습 시간이
22시간 30분, 총 37시간 30분을 계산해야 한다.

14학점과 2학점 짜리 어학 실습(6시간)을 합쳐서
20시간. 공부시간은 20시간의 강의와 어학 실습을
위한 추가분 2시간, 즉 총 22시간이 된다. 따라서, 강
의 시간과 공부 시간을 합치면 42시간이다.

필요한 공부시간의 산정을 강의 시간당 1시간 30분 비율로 계산해 보
라. 그 후에 우리 계획표가 최소한 주당 총 공부시간을 소화해 낼 수 있는
지 살펴보라. 학기초라고 억지로 많은 공부를 할 수는 없다. 그러나, 만
약 우리가 각 강좌에 대해 정상적으로 공부하려 한다면 어떤 계획이 완결
되거나 시험이 요구되는 때에 대비하여 공부 시간을 절약해 두어야 한다.
최소한 한 학기의 2주 동안은 공부에 10시간, 혹은 그 이상의 시간을 더
투자해야 할 것이다. 그것은 시험이나 어떤 계획에 적응할 수 있기 위한
것이다. 이 정도의 공부시간 증가는, 만약 매주 50시간의 공부 시간을 계
획하고 있었다면, 견딜만한 일이다.

일상 주간 계획을 위한 제안

계획을 짜는데 어떤 규칙이 있으면 있을 수록 계획표는 좋아진다. 같

은 방을 쓰는 학우들과 친구들과의 상호 관계를 부드럽게 유지하려고 하면 계획된 공부시간에 충실해야 한다. 이에 대한 몇 가지 제안이 있다.

1. 그리스도인의 삶에 있어 필수적인 요소들을 위해 규칙적인 시간을 배정하라. 즉, 경건의 시간, 성경암송 시간, 기도 시간, 성경공부 시간 등을 할당하라. 이것들을 최우선 순위에 두라. 공부 뿐 만 아니라 하나님과 동행하는 생활을 계획하고 구체화할 필요가 있다.

2. 대부분의 일을 월요일부터 금요일까지 집중적으로 배치시키라.

3. 토요일의 일정시간을 계획 외의 것을 공부하는 시간으로 할당하라. 너무 많은 계획을 세워서 이것도 저것도 하지 못할때가 종종 있다.

4. 주일은 아무 계획이 없는 날로 만들라. 주일날 공부를 쉬는 것은 좋은 것이다. 이것은 종교적 "안식"의 관점에서만 그런 것이 아니라, 생활적인 면에서 그런 것이다. 쉬는 날을 계획하는 것은 유용한 것이다. 주일에 공부하려

는 계획은 거의 실행 불가능한 것이다. 또한 공부 때문에 일주일 내내 머리가 괴롭힘을 당하게 될 것이다. 주일은 정서적으로나 육체적으로 공부하기에 적당치 않은 날이다. 우리는 영적으로, 육적으로 에너지를 축적할 시간이 필요하다.

5. 시험 때에는 여분의 공부시간을 계획하라. 그러나 다른 과목 공부시간을 완전히 배제하지는 말라.

6. 충동적인 계획을 주의하라. 예를 들면, "야, 쟤! 농구하고 콜라나 마시자" 하는 따위의 계획이다. 이것이 대인 관계에 있어서는 중요하지만 당신의 공부에 있어서는 재난이나 마찬가지다. 가끔씩은 할 수 있지만 자주 하지는 말라. 다음 장에서 이에 관한 깨달음을 가진다면 며칠 밤을 편안히 보낼 수 있을 것이다.

7. 세탁, 쇼핑, 그 밖의 일상 생활에 필요한 것을 위한 시간은 따로 배정하라. 그러나 이러한 것이 공부시간 보다 우선되어서는 안된다.

8. 당신의 필요에 따라 적절한 휴식시간을 계획하라. 밤 새

워 공부하는 것은 피하라. 만약 밤을 새워 공부하거나 늦은 시간까지 공부하는 습관을 들이기 시작하면, 합리적 시간 계획을 무시하게 되고 공부는 부실해진다. 공부하지 못한 것이 있더라도 매일 밤 11시까지는 공부를 마치라. 자연히 한 주의 시작이나 하루의 시작부터 열심히 공부할 수밖에 없게될 것이다.

하루 계획표

주간 계획표는 하루 계획의 개요를 제공한다. 그러나, 하루 하루는 하루 하루의 계획이 필요하다. 이 문제에 대한 나의 제안은 너무 단순해서 무시될 수 있을 정도이다.

매일 밤, 혹은 매일 아침에 독서 카드 같은 곳에다 그 날에 필요한 시간표를 기록한다. 표 3-4가 그 예이다. 며칠이 지나면 계획표는 매우 단순해질 것이다. 매일 규칙적으로 해야할 일이 무엇인지 알게 될 것이기 때문이다. 그 다음에 표 3-5와 같은 계획표를 기대할 수 있다.

바쁠수록 계획을 더 정밀하게 세워야 한다. 공부시간을 배정하려면 공부하는데 필요한 시간이 얼마인가를 측정하여 배정해야 한다. 가끔 계획된 시간에 어떤 과목의 공부를 끝마칠 수 없을 때도 있을 것이다. 그렇더라도 거기서 그 과목을 공부하는 것을 끝내라. 그리고 다음 과목을 공부하라. 마지막에 미처 끝내지 못한 공부를 다시 하라. 그렇지 않으면 한 과목에 너무 많은 시간을 허비하게 될 것이다.

<table>
<tr><td colspan="2" align="center">월 요 일</td></tr>
<tr><td>6 : 30</td><td>Q.T (조용한 시간)</td></tr>
<tr><td>7 : 00</td><td>아침식사</td></tr>
<tr><td>7 : 30</td><td>성경 암송</td></tr>
<tr><td>8 - 9</td><td>수학 강의</td></tr>
<tr><td>9 - 10</td><td>경제학 강의</td></tr>
<tr><td>10 - 11</td><td>경제학 과제</td></tr>
<tr><td>11 - 12</td><td>물리학 강의</td></tr>
<tr><td>12 - 1 : 30</td><td>점심시간 및 수학 공부</td></tr>
<tr><td>1 : 30 - 2</td><td>경제학 마무리</td></tr>
<tr><td>2 : 15 - 3 : 15</td><td>기계공학</td></tr>
<tr><td>3 : 30 - 4 : 30</td><td>수학 과제</td></tr>
<tr><td>4 : 30 - 6</td><td>물리학 과제</td></tr>
<tr><td>6</td><td>저녁식사</td></tr>
<tr><td>7 - 8</td><td>기계공학 과제</td></tr>
<tr><td>8</td><td>일과 끝</td></tr>
</table>

표 3-4

<table>
<tr><td colspan="2" align="center">월 요 일</td></tr>
<tr><td>7 : 30</td><td>성경 암송</td></tr>
<tr><td>10 - 11</td><td>경제학 과제</td></tr>
<tr><td>12 - 1 : 30</td><td>수학 과제 시작</td></tr>
<tr><td>1 : 30 - 2 : 30</td><td>경제학 과제</td></tr>
<tr><td>3 : 30 - 4 : 30</td><td>수학 과제</td></tr>
<tr><td>4 : 30 - 6</td><td>물리학 과제</td></tr>
<tr><td>7 - 8</td><td>기계공학 과제</td></tr>
<tr><td>8</td><td>일과 끝</td></tr>
</table>

표 3-5

하루에 너무 많은 것을 계획하지 말라. 하루의 계획은 유익을 얻기 위한 것이지 노예가 되기 위한 것이 아니다. 어떤 경우에는 수업 시간 몇 분 전이 가장 공부하기 좋은 시간일 수도 있다. 우리는 우리가 하고자 하는 다른 일의 목록을 만들 수도 있다.

계획의 요령

대부분의 사람들은 시간을 아끼는 기술이나 습관을 개발한다. 수년 동안 나는 학생들의 공부를 도와줄 수 있는 많은 방법들을 연구하고 실험해 왔다. 이 중 몇 가지를 실험해 보라. 그리고 당신에게 도움을 줄 수 있는 것은 무엇이든지 당신 것으로 만들라.

수업 사이의 쉬는 시간을 잘 이용하라. 우리는 쉬는 시간에 대화를 하느라, 혹은 그것을 이용하려는 계획을 가지지 못해서 그냥 놓쳐버리고 마는 경우가 많다. 그러한 시간들을 건설적인 목적을 위해 이용할 계획을 세우라. 자유 시간을 얻으면 즉시 도서관이나 면학 분위기가 조성된 곳에 가서 공부하라. 학생 회관에 가는 것은 가장 비생산적인 것이다. 꼭 필요한 경우가 아니면 결코 낮 동안에 집에 돌아가 방에 처박혀 있지 말라. 낮 동안에 자기 방에서 공부하는 것만큼 비효율적인 것은 없다.

금요일을 잘 이용하라. 학생들이 보편적으로 낭비하는 시간은 금요일 오후, 즉 수업이 모두 끝난 시간부터 저녁 먹기 전까지의 시간이다. 대부분의 학생들은 이 시간을 휴식 시간으로 이용한다. 당신은 금요일 오후를 휴식 시간으로 이용하는 것이 좋은지 주말을 휴식 시간으로 이용하는 것이 좋은지 결정해야 한다. 내 생각에는 금요일 오후는 열심히 공부하는 것이 좀 더 바람직하다. 주말에 할 공부를 금요일 저녁까지는 끝낼 수 있을 것이다. 금요일 오후에 당신의 집이 소란스러워서 피할 필요가 있다면 학교에서 공부하라. 금요일 저녁 시간에 다른 활동 계획이 없다면, 그 시간을 온전히 공부에 투자하라. 당신의 당면 목표는 주말을 가능한한 자유롭게 보내면서 사람들과 친교하며 개인적인 활동을 하는 것이어야 한다.

평일 오후 시간들을 이용하라. 금요일 다음으로 학생들이 낭비하는 시간은 늦은 오후 시간이다. 3시에서 6시 사이에 무엇을 하느냐가 저녁 늦게까지 공부해야 할 것인가 하지 않을 것인가를 결정짓는다. 낮에 공부를 일찍 시작하면 할 수록 저녁 시간에는 좀 더 자유롭게 다른 활동을 할 수 있다.

최우선 순위를 공부에 두라. 공부 시간 외에도 해야 할 수많은 다른 일이 있다. 전화하는 것, 세탁하는 것, 편지를 쓰는 것과 같은 일들이 그것이다. 공부하는 동안에는 다른 일상적인 일을 생각하지 말라.

공부할 장소를 찾으라. 그 누구도 자신이 살고 있는 방에서는 공부를
잘 못한다. 여럿이 함께 기거하는 환경에서는 공부의 맥이 끊어지는 일이
많다. 몇몇 사람만이 어떤 방해에도 불구하고 공부에 몰두할 수 있다. 만
약 당신의 집에서 주의를 집중하는 것이 불가능하면 다른 장소를 찾아보
라. 종합대학에서 대부분의 학과는 도서실이나 공부방을 별도로 운용하
고 있다. 공부하기 위해 다른 장소를 이용해야만 한다면 규칙적으로 그
장소를 이용하라. 물론 그 장소가 공부하는데 방해가 되지 않는다면 그렇
게 하라는 것이다. 매일 밤, 혹은 특정한 날 저녁에 그렇게 하라. 금요일
오후나 저녁은 공부하기 위해 다른 장소를 이용하는 것이 좋다. 집이나
기숙사에서는 항상 다른 활동이 있기 때문이다.

특정 과목을 공부하는 방법을 익히라. 기계 공학 과목의 공부는 역사
과목을 공부하는 것과 같지 않다. 수학에 뛰어난 사람이 수학을 공부하는
방식으로 심리학 과목을 잘 할 수는 없다. 이미 우리가 살펴본 2장에서의
원칙들은 모든 과목에 적용이 된다. 그러나 어떻게 특정 과목을 공부할

것인가에 대한 세목은 다양하다.

한 분야는 다음과 같은 다양한 과목으로 분류될 수 있다. 그리고 그에
적합한 공부방법이 있는 것이다.

· **인문 과학** (영어, 미술, 음악, 역사, 기타)

이런 과목들의 특징은 많은 읽기 숙제와 학기말 리포
트, 그리고 연구과제를 요구한다.

· **사회 과학** (심리학, 사회학, 기타)

이런 과목들은 많은 시간이 걸리는 읽기와 연구 과제,
그리고 실험적 이론에 의존하는 특성을 가진다.

· **경제 과학** (회계학, 경영학, 경제학, 기타)

경제 과목은 적절한 독서, 재정 문제, 컴퓨터 사용법
그리고 연구 과제를 포함한다.

· **순수 과학** (화학, 유전학, 물리학, 수학, 기타)

과학 과목은 문제 해결, 실험과 연구 방법론으로 특징 지어지며, 수학의 비중이 상당히 높다.

· **공학** (전기, 기계, 토목, 항공, 기타)
공학도들은 문제 지향의 수업을 하며, 약간의 실험과 수학공부를 하고 컴퓨터 사용법을 익힌다.

이상에서 말한 각 분야의 학문들은 각기 다른 공부 방법을 요구한다.

· **인문 과학**

속독력과 기억력, 쓰기, 암기력이 중요하다. 이러한 과목은 다양한 개념을 이해하고 그것을 표현할 수 있는 능력을 요구한다.

· **사회 과학**

절대적인 사실이나 방법들이 없기 때문에 추리와 분석에 대단히 많이 의존한다.

· **경제 과학**

경제학과 경영학 같은 과목에 대한 광범위한 이해와 방법론의 습득뿐 아니라 세목들에 대해서도 많은 주의가 요청된다.

· **순수 과학**

분석적인 접근과 상당한 실천적 연구가 요구된다.

· **공학**

공학 부분의 공부는 응용과 문제해결에 중점을 두어야 한다.

이상에서 우리는 전형적인 학과목들과 그것에 필요한 자질, 특히 범학제적으로 필요한 자질들이 무엇인지 알 수 있다.

- · 이해와 유지를 위해 읽기
- · 학기말 리포트 혹은 논술식 시험
- · 수에 강조를 두지 않는 이론

· 과학적 이론

· 실용적 문제해결

우리는 강의 시간 중에 이런 유형의 공부 방식 중 손쉽게 두 세 개의 공부 방식을 접하게 될 것이다. 각 과목에 적절한 공부 방법을 개발하라. 다른 것에 비해서 몇 과목은 당신의 적성에 맞는 것이기에 좀 더 쉬울 것이다. 이런 전형적인 강좌의 경우에는 학습 지도를 받을 수도 있다.

학기, 또는 학년 계획

척(Chuck)은 무엇을 전공할 것인지를 결정하지 않고 대학에 들어왔다. 공부에 대한 열정도 없었다. 결국 그는 첫학기에 선택 과목만을 수강했다. 두 번째 학기도 마찬가지였다. 그 다음 해에도 전공을 결정하지 못했고 중요하지도 않은 선택 과목만을 수강했다. 그는 어려운 전공 과목에 매여 허덕거려야 했다. 결국 대학 3,4학년은 필수 과목에 매여 어렵게 공부해야 했다. 수많은 시간을 거기에 투자해야 했고,

기독학생활동 시간에는 거의 참여할 수 없었다. 사실 1년을 더 공부하고 나서야 그는 전공 과목을 다 마치고 졸업할 수 있었다.

많은 학생들은 그들의 방향과 전공 분야가 불확실하다는 것을 발견한다. 기독학생들도 예외는 아니다. 전공을 선택하는 동안의 시간을 벌기 위해 좀 더 쉬운, 그리고 좀 더 일반적인 선택 과목(그리 필요하지 않은)을 수강하곤 한다. 결국 학생들은 선택 과목의 대부분을 끝마치고, 나중에는 어렵고 중요한 과목의 과중한 부담을 지게 된다.

짧은 시간 내에 전공을 선택하라

18-19세에 전공을 선택하는 일이 쉬운 일은 아니다. 그러나 이공계를 택할 것인지 인문계를 택할 것인지는 결정해야 한다. 첫 해의 마지막 까지는 잠재적으로 우리를 만족시킬 수 있는 전공을 택해야 한다. 후에 전공은 바꿀 수 있다. 최소한 우리는 특정한 방향으로 나아가게 될 것이며 필수 과목을 수강하기 시작할 것이다.

쉬운 과목을 일 년에 걸쳐서 골고루 배치하라

매 학기마다 적어도 즐겁게 공부할 수 있는 쉬운 과목 하나를 선택하라. 어려운 과목을 공부하는 데 필요한 여분의 공부 시간을 제공해 줄 것이다. 모든 과목이 전공 분야의 연구로 가득한 학기는 대학 시절을 비참하게 만들 것이다. 약간만 계획하면 이런 불행을 막을 수 있다.

필수 과목을 빠뜨리지 않도록 주의하라

많은 학교들이 기본 과정을 뛰어넘는 고급 과정의 수강은 허용하고 있다. 고등학교 과정을 근거로 해서 이런 결정을 하지 않도록 주의하라. 노력하면 고급 과정을 수강할 수는 있지만 쉬운 일이 아니다. 기초과정을 택하여서 그 과목에 대해 완전히 이해하는 것이 더 낫다. 물론 단조로움을 느낄 수도 있지만, 낮은 학점을 받고 대학 생활 초창기를 비참하게 보내는 것보다는 낫다.

나는 지도 교수가 추천한 한 과목을 수강한 적이 있다. 한 번 강의를 들은 후 나 자신이 그 강좌를 이해하지 못하는 것을 깨달았다. 얼마든지 그 강의를 붙잡고 끝까지 노력할 수도 있었다. 그러나 포기했다. 후에 나는 적절한 예비 과정을 마치고 그 강의를 다시 들었다. 그 차이는 낮과 밤의 차이였다. 나는 그 과목을 일년 후에 완전히 이해했다.

튼튼한 기초를 쌓으라. 특히 전공 분야에서는 그래야 한다.

지도교수가 계획 전체를 지도하게 만들지 말라

많은 학생들이 졸업할 때가 되어서야 비로소 특정한 분야의 공부가 부족했음을 발견한다. 그렇기 때문에 전공이나 학과에서 특별히 요구하는 바가 무엇인지 분명히 이해할 때까지 그것을 철저히 찾아야 한다. 최소한 졸업하기 2년 전에는 학점을 계산하기 시작해야 한다. 자신의 일을 위하여 타인에게 의존하지 말라. 대학의 지도 교수는 단지 조언자일 뿐이다. 만일 지도 교수가 당신의 의문점을 잘 해결하지 못하면 다른 사람을 찾아보라.

학기, 혹은 분기 계획표

매 학기 초에는 전체 학기를 일별하는 계획표를 작성하라. 연구과제와 시험이 있는 날짜를 기록하라. 처음에 그것들 모두를 알 수는 없을 것이다. 그러나 알게 되는 즉시 기록하라. 또한 당신이 참석하기로 되어 있는 주말 회의나 운동 경기 같은 것에는 표를 해두라. 그리고 각 주를 계획할 때 이것을 꼭 염두에 두라. 계획을 한다는 것은 뒤를 돌아보는 것이 아니라 앞을 내다보는 것이다.

요점

****

이 장을 읽은 후에 당신은 이렇게 말할지도 모른다. "너무 조직적이야. 대학 시절의 낭만이 없잖아." 처음에는 어색하고 부자연스러울지 모른다. 하지만 매 학기 철저하게 적용시키면 대단히 유익을 얻게 될 것이다.

대학 생활은 즐거운 것이어야 한다. 꼭 공부만 해야 하는 것은 아니다. 이러한 공부 방법을 사용하면 어떤 다른 방법보다 많은 자유시간을 가질 수 있을 것이다. 계획은 자유를 가져다 준다. 계획은 제약하는 것이 아니다. 지금 몸에 익힌 습관이 일생동안 지속될 것이며, 현재 투자한 적은 노력에 비해 수많은 보상을 얻게 될 것이다. 실천해 보라. 그리고 필요하다면 스스로의 개성과 스타일에 맞게 이 제안을 바꾸라.

무엇보다도 매일 하나님과의 인격적 관계에 초점을 맞추라. 그 분은 당신 삶의 최고 우선 순위이며 당신의 학교 생활을 성공하게 하는 근원이시다.

4 균형잡힌 '공부와 영적 성장'

상충되는 이해 관계에서의 갈등은 대부분 사람들의 삶의 특징이다. 가족, 일, 여가, 사역, 교회, 개인적 목표들, 그리고 다른 사람들과의 이해 관계 등은 모두 시간과 관심을 필요로 한다. 학생들 또한 서로 우선 순위를 점하려는 많은 이해 관계 속에서 갈등한다. 모든 일을 하기에 충분한 시간을 가진 사람은 아무도 없다.

따라서 이해 관계의 대립을 올바른 균형 감각으로 다스릴 수 있어야 한다. 그래야 올바른 목표를 설정할 수 있을 것이다.

신앙적인 사역을 해야할 것인가?

"균형"이란 단어는 양 쪽 끝에 사람이 앉아 있는 시소 그림을 연상시킨다. 어린 시절, 친구들 중 한 사람이 예고 없이 시소의 한 쪽 끝에서 뛰어내리는 것을 경험하지 않았는가? 그것은 위험한 일이다. 시소의 균형은 양 쪽 끝에 무게가 없으면 유지되지 않는다.

"균형"이라는 개념의 본질은 최소한 두 개의 동등한 비중을 암시한다. 두 가지 비중은 건전한 방향으로 삶을 영위해 나가는 데 필요하다.

공부하는 것과 개인적으로 신앙적인 사역을 감당하는것(기독교 활동에 전적으로 헌신하는것), 이 둘은 모두 필요하다. 우리는 반드시 두 개의 이해 관계 사이에서 발생하게 되는 창조적 갈등을 극복할 수 있어야 한다.

> "내 삶에 있어 최상의 우선 순위는 나와 하나님과
> 의 인격적 관계이며 하나님을 매일 섬기는 것이다."

직장에서 일할 때 당신은 동일한 우선 순위를 하나님과 자기와의 관계

속에 둘 수 있다. 그러나 시간에 있어서는 좀 더 많은 시간을 신앙적 사역에 할애하기 보다는 직장의 일에 할애해야 한다.

논리적으로 우리는 상호 배타적인 우선 순위가 한 개 이상 있을 수 없다고 생각한다. 다시 말해서, 하나의 우선 순위는 모든 시간과 장소에서 다른 것이 우선 순위가 되는 것을 배제한다고 생각한다. 그러나, 삶은 그와 같은 것이 아니다.

사실상 우리는 최소한 3개, 혹은 4개의 우선 순위를 갖는다. 그것들 모두는 동시에 시행할 수 있는 것이다. 우리는 하나의 우선 순위, 그 이상의 것들을 함께 할 수 있는 방법을 익혀야만 한다.

물론 우리가 어디서 삶을 영위하고 일을 하든지 우리의 우선 순위는 언제나 하나님을 섬기며 따르는 것이다. 이것 외에도 우선 순위는 있다. 학교에서의 우선 순위는 공부하는 것이며, 수강 신청한 과목을 잘 하는 것이다. 공부하는 것은 학생의 일이다.

당신은 그리스도인이다. 하나님께서는 당신을 학교에 입학시키셨고, 학업을 통해 그를 섬길 수 있는 방법과 그리스도인으로서의 삶을 영위하는 데 필요한 훈련과 도움을 받기를 원하신다. 학교에 입학하지 않고는 그와 같은 것들을 얻을 수 없다. 하나님을 섬기면서도 직업에 종사할 수 있으며, 직업이 요구하는 것을 받아들일 수 있다. 그러나 아직 당신은 학생이며, 학업에 전념하는 것이 하나님의 뜻이다(1장의 전제 조건들을 기억하라). 그러므로 당신의 우선 순위들 중 하나는 공부하는 것이어야 한다. 당신의 다른 우선 순위는 신앙적인 사역이다. 당신은 둘 중 어느 하나도 소홀히 할 수 없다.

학업을 계속해야 한다면 신앙적인 사역도 계속해야 한다. 학업은 현재와 미래에 당신이 성장하며 하나님을 섬길 수 있는 장소를 준비하기 위한 수단이다. 당신은 둘 다 할 수 있다. 둘 사이에의 갈등은 항상 당신이 쓸데없이 시간을 허비했거나, 공부하는 데 익숙하지 못해서 더 많은 공부 시간이 긴급히 필요해 질 때 발생하게 된다.

학업에 최고의 우선 순위를 두는 것은 정당하다. 그 정당성은 성경에서 발견할 수 있다.

"무슨 일을 하든지 마음을 다하여 주께 하듯 하고 사람에게 하듯 하지 말라 이는 유업의 상을 주께 받을 줄 앎이라"(골 3:23-24).

바울은 그의 선교 사역과 일을 병행했다.

> "어떻게 우리를 본받아야 할 것을 너희가 스스로 아
> 나니 우리가 너희 가운데서 규모 없이 행하지 아니
> 하며 누구에게든지 양식을 값없이 먹지 않고 오직
> 수고하고 애써 주야로 일함은 너희 아무에게도 누
> 를 끼치지 아니하려 함이니"(살후 3:7-8).

바울은 열심히 일하면서 선교 사역도 감당했던 것으로 보인다. 하나님께서 당신을 학교에 보내신 것이라면, 하나님께서는 또한 당신이 전심으로 공부하기를 원하실 것이다.

그 전형적인 예가 다니엘이다. 바벨론의 포로로서 다니엘은 특별한 훈련을 받도록 선발되었고, 그 결과 이방인 왕을 섬기게 되었다. 학업에서 우수한 성적을 보여 주었기 때문에 뛰어난 하나님의 증인으로 봉사할 수 있었다. 그의 증언은 구약 다니엘서에 기록되어 있다. 그는 하나님을 우선 순위에 놓았다. 실제로 그는 시험대 위에서 하나님의 명예를 드높였다(단 1:5-15). 그는 자신의 일을 열심히 했다. 다니엘이 높은 지위를 얻은

것은 우연이 아니라, 바벨론의 특수 학교에서 열심히 훈련받았기 때문이었다.

만약 당신이 완전히 세속적 직업에 봉사한다면 근무시간을 마치기 전에는 하나님의 일을 할 수 없을 것이다. 어떤 사람도 Q.T.와 성경공부, 그리고 선교를 하기 위하여 직장을 버릴 수는 없다. 사실상 당신은 직장 근처에서 할 수 있는 하나님의 일을 계획해야 한다. 학생이라면 공부와 수강 계획을 융통성 있게 작성할 수 있다. 기억하라. 지금 당신이 전시간을 투자해야 할 것은 공부하는 것이다.

그러나 항상 "시간이 없어"라고 말하며 기독교 활동에 시간을 할당하지 못하는 사람은 하나님께서 그를 학교에 보내신 다른 한 가지 목적 -하나님께서는 그를 그리스도 안에서 성장하게 하시고 그가 다른 사람들을 위해 봉사하도록 하려는 목적을 가지고 계신다- 을 간과하는 우를 범하고 있는 것이다. 그런 학생은 단지 시간을 운동, 취미, 데이트, 그룹 활동 같은 것에 투자하기로 한 사람이다. 물론 그런 시간도 유용하기는 하다. 그러나 적당히 해야 한다. 나는 다른 일에 완전히 시간을 투자하면서 그리스도를 위해 봉사하는 시간을 가질 수 있는 사람을 만나 보지 못했다.

나는 정말 공부와 신앙적 사역 사이에서 오랫동안 긴장을 유지하는 사람들을 보지 못했다. 만일 전 시간을 오로지 공부하는데 매달렸다면 그는 이 일에 실패한 자가 될 것이다. 이런 이들에게 있어서 진정으로 필요한 것은 상황에 대한 냉정한 인식이다. 만약 학교에서 1주에 40-50시간을 공부하려고 계획한다면, 신앙적 사역을 할 만한 충분한 시간을 가질 수 있을 것이다. 사실상 당신은 스스로 알고 있는 것보다 많은 시간을 가지고 있으며, 좀더 좋은 학점을 받을 수도 있다.

하나님께서 당신을 학교에 보내신 것은 공부와 신앙적인 사역을 감당하게 하시기 위함이라는 사고 방식을 가져라. 하나님께서는 '공부 또는 신앙적 사역'이 아니라 '공부와 신앙적 사역' 모두를 감당할 수 있기를 목적하신다. 당신의 이런 사고 방식이 당신에게 새로운 동기를 부여하고 새로운 목표를 설정하도록 할 것이다.

캠퍼스 사역 참여의 유익

캠퍼스 사역이라는 용어는 비 그리스도인인 학생들로 하여금 복음을 접하도록 하고, 그들을 그리스도의 제자로서 양육하려는 특별한 단체들의 노력을 지칭하는 말이다. 네비게이토, 대학생 선교회, 기독 학생회,

그리고 교회와 다양한 기독교 단체들이 전 세계와 미국의 많은 대학 캠퍼스에서 사역을 감당하고 있다. 종종 이런 단체들은 선남선녀들을 전임 강사로 사용하여 학생들에게 조직화된 사역을 행한다. 이들을 캠퍼스 사역자들이라고 한다.

당신은 특정한 캠퍼스 사역의 중요한 부분을 감당해야만 한다. 캠퍼스 사역에 참여함으로써 많은 것을 얻을 것이다. 그러나 많은 기독학생들이 혼자 그 일을 감당하거나 독자적인 단체를 만들려 한다. 그리고 종종 학생들은 캠퍼스 사역에 참여하기를 꺼린다. 그리스도인으로 자라고 성장하라는 압력과 요구가 부담스럽기 때문이다. 몇몇 학생들은 그런 종류의 압력을 원치 않는다. 그러나 캠퍼스 사역에 참여함으로 다음과 같은 유익을 얻을 수 있다.

대학내 올바른 신앙생활을 지도받을 수 있다

만약 당신이 새로운, 혹은 젊은 기독교인이라면 당신은 다른 성숙한 그리스도인으로부터 살아가는 방법과 성장해가는 방법에 대해 도움을 받아야 할 것이다. 캠퍼스 사역은 이와 같은 환경을 제공한다.

믿음안에서의 친교

우리들 모두는 기독교인으로서 우리의 삶을 유지하도록 용기를 주는 친교가 필요하다. 우리가 그와 같은 교제를 하지 않으면 죄악에 빠지기 쉬우며, 신앙인임을 밖으로 표출하는 것을 꺼리게 될것이다.

> "두 사람이 한 사람보다 나음은 저희 수고가 좋은 상을 얻을 것임이라. 혹시 저희가 넘어지면 하나가 그 동무를 붙들어 일으키려니와 홀로 있어 넘어지고 붙들어 일으킬 자가 없는 자에게는 화가 있으리라"(전도서4:9-10).

당신에게는 다른 사람의 도움이 필요하다.

인격적 훈련과 성장

당신의 학창 시절은 배움에 있어 가장 융통성이 있는 기간이다. 학교는 인격 도야를 위한 이상적 장소이다. 신앙훈련과 성장은 학창 시절이 최적기이다. 학창 시절동안 익힌 습관과 믿음, 기술은 당신의 삶의 방향과 태도를 결정한다. 캠퍼스 사역에 동참한 일원으로서 당신은 다른 어느 때 보다 더 많은 인격적 도움과 지도를 받을 수 있을 것이다.

성숙한 지도력과 기획력을 배울 수 있다.

내가 퍼듀대학(Purdue University)에 갔을 때 네비게이토와 관계되어 있는 몇몇 학생을 만났다. 그들은 캠퍼스 사역을 하려고 애는 썼지만 특별한 지도자가 없었다. 의견과 사역 방향도 통일되지 않았다. 나는 그들보다 8, 9년 연배였고 그들보다 경험이 많았다. 그래서 그들은 나의 인도 아래 하나로 결집되었다. 사역은 성공했고 놀라운 발전을 이룰 수 있었다. 내가 한 일이란 지도력을 발휘해 준 것 밖에 없었다.

모든 학생들이 독자적인 작은 사역체를 만들려고 한다면 많은 혼란이 발생하게 될 것이다. 그러나 성숙한 그리스도인에 의해 인도되는 캠퍼스 단체와 연합하면 그들의 경험과 기획력을 배우게 될 것이며 얼마 후에 지도자가 될 수도 있을 것이다.

캠퍼스는 선교의 장이다

새로운 것들을 배우고 경험하는 열기 때문에 캠퍼스는 복음 전파의 비

옥한 토양이 될 수 있다. 당신이 많은 수업에 참석하는 주된 이유 중 하나는 비그리스도인과 교제하면서 그들에게 그리스도의 삶을 보여주는 것이다. 당신은 얼마나 이와 같은 삶을 배워 왔는가?

캠퍼스 사역자들은 학생들이 동료 학생들과 교제하며 복음의 증인이 되도록 훈련시킨다. 그들은 복음전파의 전초기지를 형성하며 일치된 그리스도인의 영향력을 캠퍼스에서 보여준다. 그러나 당신이 복음의 씨를 뿌리고, 양육하고 영적인 결실을 맺는 방법을 모른다면 거의 열매를 얻지 못할 것이다.

좀더 경건한 삶을 위해

어쩌면 이 시절이 어른으로서 비기독교 세계를 처음 접하게 되는 기회일지 모른다. 당신은 성숙한 그리스도인들이 많이 모인 모임 속에서 살게 되기 때문에 좀 더 경건해 질 것이다.

지역 교회를 위한 봉사 준비

당신의 장래 사역은 지역 교회와 함께 하는 것이 될 것이다. 당신은 캠퍼스에서 많은 기술를 배우며, 오직 학생들만 있는 환경에서 영적으로 성장할 것이다. 지금 당신이 배운 것은 졸업 후 어떤 교회에서 봉사의 사역을 감당하게 될 때 기초가 될 것이다.

당신은 학교에 재학 중일 때부터 지역 교회와 관계를 맺어야 한다. 물론 지역교회 사역에 완전히 참여할 수는 없을 것이다. 좋은 캠퍼스 사역이란 지역 교회와 유대관계를 갖게 하는 것이며, 지역 교회에 참여하도록 스스로를 자극하는 것이어야 한다.

어떤 단체를 택할 것인가?

당신이 공부하는 캠퍼스에는 하나, 혹은 그 이상의 조직화된 사역 단체들이 있을 것이다. 오직 한 단체에만 가입하라. 두 단체의 요구를 충족시키려 하지 말라. 캠퍼스 사역 단체를 선별하는데 필요한 몇 가지를 제시하겠다.

1. 각 단체의 속성을 알기 위해 몇몇 활동에 참여해 보라.
2. 다른 학생의 추천에 근거하여 결정하지 말라. 그 단체를 이 끄는 지도자들과 만나 이야기해 보라.

3. 그 단체가 소규모 성경공부를 할 수 있는 기회를 제
공하는지 확인해 보라.

4. 그 단체가 복음전파의 전초기지를 가지고 있는지 확
인하라.

5. 자신의 성격과 필요를 고려하라. 가장 많이 봉사할
수 있는 곳은 어디며, 가장 많이 도움을 받을 수 있는
곳은 어딘가?

6. 어떤 단체에서 중요한 인격적 도움을 받을 수 있는
지, 인격적 도야를 할 수 있는지 결정하라.

7. 그 단체가 성경적이고, 교리적으로 건실한지 확인하
라. 다른 그리스도인들에게 그 단체가 캠퍼스에서 어
떤 평가를 받고 있는지 물어 보라.

이 점을 기억하라. 어떤 캠퍼스 단체도 완전하지 않다. 그것은 당신이
완전하지 못한 것과 마찬가지이다. 또한 어떤 캠퍼스사역 단체도 당신의
욕구를 완전히 충족시켜 주지 못할 것이다.

또한 기억하라. 그 구성원 대다수가 학생인 단체는 그 성숙도에 있어

서 부족함이 있다. 그러므로 계획과 의사 소통, 그리고 상호 관계가 항상 당신의 기호와 맞는 것은 아닐 것이다. 그 때에도 무한한 인내력을 발휘해야 한다.

캠퍼스 사역에 동참하라. 혼자 남아 있지 말라. 혼자서 캠퍼스 사역을 감당하려 하지 말라. 당신에게는 다른 기독교인들의 자극이 필요하다. 그들은 캠퍼스 내에서 당신의 인격적인 성장을 도와줄 것이다. 그들은 당신이 균형 있게 공부와 신앙적 사역을 감당할 수 있도록 도와줄 것이며, 영적인 문제에 관해 상담해 줄 것이다.

캠퍼스 사역의 계획

15-17학점을 신청하고, 캠퍼스 내의 비기독교적인 활동에 평범하게 참여하는 학생의 경우에 있어서 정상이라고 생각되는 캠퍼스 사역은 어느 정도인가?

두 종류의 활동 – 정규적인 주간 활동과 비정규적인 활동 – 이 고려될 수 있다. 지도적 위치에 있지 않는 학생들에게 부과되는 이런 부담에 대해 몇 가지 제안을 하겠다. 한 번 고려해 보라.

규칙적인 활동(통상적 활동)

1. 주간 성경공부에 참여한다. 성경 공부는 1-2시간이 요구된다(총 3시간).
2. 자신이 리더로 활동하는 새로운 그리스도인들을 위한 성경 공부(총 2시간)
3. 캠퍼스 사역에서의 통상적인 주간 활동, 즉 세미나, 집회, 기획 모임에 참여한다(총 3시간).
4. 복음전파나 훈련과 같은 1:1면담(총 4시간)

일주일에 총 12시간은 과한 것이 아니다. 규칙적인 생활들은 반드시 월요일부터 시작해서 목요일 밤까지 2시간 이상씩 소요되지 않는다. 사역에 있어서 지도적 위치에 있는 학생들은 이보다 더 많은 시간을 할애해야 할 것이다. 그들에게는 또 다른 활동 영역이 있으며 시간 사용에 있어 특별한 훈련이 요구된다.

불규칙적인 활동들

1. 한 학기에 한 번 있는 주말회동

2. 한 학기에 한 번 있는 이틀 반 동안의 훈련, 혹은 세미
   나들
3. 한 학기에 한 번 있는 대규모 전도운동

이런 부담은 한 학기에 몇 주가 있느냐에 따라 달라진다. 또한 지도적 위치에 있는 사람에게는 더 많은 부담이 주어진다는 점을 유념하라. 그러나 참여의 차원은 좀 더 광범위한 것일 수도 있어서 학과 외적인 다른 활동들을 못하는 결과를 낳을 수도 있다. 그러나, 이런 희생은 학생들에게 유용한 유익을 제공할 것이다. 지도자들은 대체로 가장 많은 시간을 캠퍼스 사역 간사들로부터 훈련받는데 보내기 때문이다.

과중한 학업이나 사역적 부담을 다루는 법

학업과 사역을 균형 있게 하려는 우리의 노력에도 불구하고, 어쩔 수 없는 상황 때문에 공부나 사역 쪽에 극단적으로 치우쳐야만 할 때가 있다. 왜 이런 일이 발생하며 어떻게 대처할 수 있을까?

먼저, 과중한 공부 부담에 대해서 생각해 보자. 가끔 어떤 과목에서 그

과목의 학점 시간 수에 비해 과중한 숙제를 내는 교수를 만날 수 있다. 당신은 이것을 단순히 학교 놀이의 한 부분으로 간주할 수 있어야 한다. 확실히 공부는 힘든 것이다. 한 주나 두 주 동안 공부시간을 정확하게 기록해 보라. 만약 당신이 총 50시간 이상을 투자해야 한다면 당신의 공부 부담은 과중한 것이다. (어떤 사람에게는 그 한계가 60시간 일 수도 있다.). 만약 미룰 수 있는 것이라면, 특정한 과제나 리포트는 하지 않는 것이 좋다. 수업 시간과 자습이 너무 많은 시간을 요구하면 다음의 3가지 선택 중에 하나를 택해야 할 것이다.

1. 이를 악물고 학기를 끝내라, 특히 이미 반 학기를 보냈고 당신의 학점이 좋다면 그렇게 하라,

2. 한 과목을 포기하라(미국의 경우 도중에 얼마든지 과목을 그만 둘 수 있다, 따라서 성적 관리를 잘하지 못한 학생은 자주 해당과목을 포기하곤 한다-역자 주), 많은 시간을 소모시켰던 과목을 포기하려 하지 않을 수도 있다, 어느 학기에건 한 번은 그 과정을 되풀이 해야 할 것이기 때문이다,

3, 공부를 적게 하고, 낮은 학점을 취득하라. 만약 낮은 학점이 한 과목에서만 나오지않고, 최소한 C학점을 받을 수 없다면, 이 방법을 권하고 싶지 않다.

어려운 과목과 까다로운 교수에 관한 당신의 정보가 최신 정보이면 정보일수록, 당신은 이런 난점을 좀더 잘 피해갈 수 있을 것이며 극복할 수도 있을 것이다.

과중한 공부 부담이 당신의 게으름에서 기인한 것일 수도 있다. 그 때에도 선택의 여지는 동일하다. 그러나 당신은 이와 같은 사태가 일어나지 않도록 하는 방법을 배워야 한다.

과중한 사역으로 말미암아 부담이 발생할 수도 있다. 어떤 때는 그 부담이 과잉 충성으로 인한 것일 수도 있으며, 또 어떤 때는 사역 활동 자체로 인한 것일 수도 있다. 이것은 지도자가 전임 간사가 아닌 학생일 때 주로 발생한다. 사역 활동의 부담에 대해서는 이 장의 한 부분에서 약간의 지침을 얻을 수 있을 것이다. 그것은 당신이 감당할 수 있는 사역의 한도에 관한 것이다.

과중한 사역인지 아닌지는 다음의 상황으로 구별한다.

- 일 주일에 4일 이상의 밤을 특별하게 계획된 활동으로 보내야 하는가의 유무
- 그 단체의 지도자가 학교 수업의 부담을 개인적으로 알아보지 않은 채 당신의 시간을 요구하고 있는가의 유무
- 학업이 정말로 문제가 되지 않고 사역만이 중요하다는 입장을 전달받고 있는지의 유무

나는 과거에 한 학생에게 캠퍼스 사역 활동에 동참하라고 강하게 권유한 적이 있었다. 그는 공부 때문에 참여하기를 꺼렸다. 나는 나의 동기를 검토해 보았다. 구성원들의 요구보다 모이는 숫자에 더 관심을 갖고 있었음을 발견할 수 있었다. 후에 나는 그를 불러 그에게 부담을 준 것에 대해 사과했다.

때때로 우리는 다른 사람이 영적으로 성장하도록 도와주려는 열정 때문에 너무 심하게 무리한 요구를 할 때가 있다. 명령적으로 하는 것보다 충고를 통해서 그들이 활동에 참가하도록 하는 것이 더 바람직하다.

과도한 부담이 캠퍼스 사역으로부터 발생했을 때는 서너 가지로 반응

할 수 있다. 화를 내며 그것을 그만 둘 수도 있다. 그 요구에 항복을 해서, 당신의 공부를 포기할 수도 있다. 단체의 다른 구성원들에게 불평 불만의 씨를 심어 줄 수도 있다. 그러나 어느 것도 성경적 가르침과는 거리가 멀다.

먼저 기도하라. 그리고 그 요구가 정말로 당신의 현 상황 하에서 과중한 것인지를 자문해 보라. 그 요구가 모든 사람들에게 과중한 것은 아니다. 부담감을 느끼는 이유가 계획부족 때문인지, 아니면 훈련부족 때문인지에 대해 식별하도록 하라. 만약 그것들이 문제의 원인이 아니라면 캠퍼스 단체의 지도자를 찾아 자문을 구하라. 그리고 당신의 평가와 딜레마를 함께 나누라. 지도자가 그 요구가 과중했음을 알지 못할 수도 있다. 종종 사역 기간이 중간고사나 기말 시험 전일 수도 있다. 그것이 학생들에게 부담을 줄 수도 있다. 당신의 상황을 캠퍼스 단체의 지도자와 나눈 다음, 당신에게 유익한지의 여부를 알기 위해 사역에 참여하는 방법을 변경해 보라.

갈등을 해결하는 방법

공부와 신앙적 사역 사이의 갈등이 불가피한 경우가 있다. 두 영역의 활동은 어느 것이나 학생들의 계획 속에서 종종 충돌을 일으킨다. 그러므로 당신은 때때로 결단을 내려야 할 것이다. 어떻게 결단을 내릴 수 있는가? 당신이 학교에 입학한 주된 목적은 공부하기 위한 것이기 때문에 항상 공부하는 것을 택할 것인가? 아니면 하나님을 섬겨야만 하기 때문에 항상 캠퍼스 사역을 택해야 할 것인가?

이 점에 대한 결론을 내릴 수 있는 열쇠는 먼저 계획하는 것이다. 대부분의 갈등은 조심스러운 사전 고려에 의해 해결될 수 있다.

1. 성경 공부와 같은 규칙적인 일은 주간 계획표에 명기해야만 한다.

2. 시험, 리포트, 연구 보고서가 기독교 활동에 압력이 될 때를 대비하라, 좀 더 나은 준비에 관해 앞의 두 장에서 제안한 것을 준수함으로써 갈등을 피하라,

3. 시간이 부족함을 느끼는 처음 두 번은 공부하는 것에

우선 순위를 두라. 그러나 그런 문제가 발생할 경우 그 이유(잘못된 계획, 계획 과정에서 피할 수 없는 갈등)에 대해서 조사해 보고, 필요하다면 그것을 교정하라.

4. 그와 같은 일이 2번 이상 발생하게 되면, 기독교 사역에 우선 순위를 두라. 그리고 갈등이 그 원인이 된다면 적절히 공부하지 못한 결과를 받아들이라. 그것은 좀더 빨리 당신의 주의를 끌 것이다.

5. 회의 계획이나 시간을 소모하는 활동의 계획은 최소한 시행하기 2주 전에 준비해야 한다. 잘 계획하면 당신이 일하는데 압력을 느낄 필요가 없다.

6. 학기 중에 가장 급한 일이 무엇인지 분별하라. 그리고 그것에 최선의 노력을 경주하라. 스스로 포기하지 말라. 매우 많은 학생들이 "선택적" 활동을 부족한 공부시간을 보충 하는 것으로 보는 경향이 있다.

7. 마지막으로, 당신이 계획에 필요한 기초적인 자원을 가지고 있음을 기억하라. 그것은 하나님께로서 온 것

이며, 사람으로 말미암은 것이 아니다. 당신이 문제를 해결하려 할 때 하나님의 뜻이 어디 있는지 찾으라. 하나님께서는 당신이 하나님의 온전하신 뜻을 선택할 때 평화를 주실 것이다(골 3:15).

전공 대(對) 캠퍼스 사역

에릭(Eric)은 어려운 공학을 전공으로 선택했다. 그는 우수한 학생이지만 영리하지는 않았다. 결국 공부 부담이 클 수밖에 없었다. 헌신적인 그리스도인인 그는 지도자로서 캠퍼스 사역에 깊이 관여하고 있었다. 3학년 때 전공을 바꾸려고 결심했다. 즉, 캠퍼스 사역에 더 많은 시간을 할애할 수 있는 수월한 전공을 택했던 것이다. 전공이 쉬우면 쉬울수록 그만큼 평범한 것이다. 그것은 그가 어떤 특정한 직업을 준비하는 데 전혀 도움이 되지 않았다. 그는 쉽게 자신의 전공을 마쳤지만, 졸업하자마자 직장을 구하기가 쉽지 않음을 알게되었다.

전공을 바꾸는 것이 좋은 계획이었을까? 때때로 캠퍼스 사역의 간사들은 좀더 어렵고 좀더 많은 시간을 요구하는 전공 과목이 학생의 영적 성장에 방해가 되는 것으로 생각할 수도 있다. 그들은 "사람들의 생명을 구하기 위해 좀더 많은 시간을 투자할 수 있는 전공을 택하라. 그것은 영원을 준비하는 좋은 것이다" 라고 제안할 수도 있을 것이다. 누가 그와 같은 주장에 반박할 수 있겠는가? 확실히 영원한 가치는 세속적 학문 교육보다 더 중요하다. 그러나 쉬운 전공을 택하는 것은 단기간의 유익 때문에 장기간의 유익을 잃어버리는 것일 수도 있다. 그 학생은 자신의 나머지 생활을 영위해 나가는 데 필요한 장래성 있는 직업을 가질 수 없다.

만약 세계 선교와 해외에서의 신앙적 사역을 위해서 직업 선교사를 파송하게 된다면, 빈약하게 준비된 평범한 사람을 쓰지 않을 것이다. 전문가들 – 대단한 기술이 있고 자격과 능력을 갖춘 사람 – 을 파송하려 할 것이다. 열심히 일하지도 않고 높은 목표를 지향하지도 않는 사람들을 파송하려고는 하지 않을 것이다. 솔직히 전임 종교 지도자 같은 사람들을 파송하려고는 하지 않을 것이다. 전임 사역자는 신앙의 사역에서 중요하지 않다고 생각되는 분야에 대해서는 무시하는 경향이 있기 때문이다.

항상 어려운 일을 피하고 쉬운 길만을 찾아 다니는 사람은 개인적 성장이 없다. 또한 진정한 의미에서의 자아 훈련과 우선 순위에 관해서도 배울 수도 없다. 이런 사람들은 자신의 전 생애를 생활과 신앙적 사역 사이에서 균형을 이루기 위해 갈등만 하며 보내기 쉽다.

주님께 봉사하면서도 자신의 힘든 세상 일을 잘 해 나가는 방법을 배울 수 있는 좋은 기회를 잃지 말라. 만약 모든 헌신적인 그리스도인들이 쉬운 길만 간다면, 어디서 헌신적인 그리스도인 의사와 정치 지도자들, 변호사들과 과학자들, 언어학자들과 사업가들, 그리고 운송업자들을 찾을 수 있겠는가? 그렇다. 이런 직업을 갖기 위해서는 그것에 필요한 대가를 지불해야 한다. 그리스도인들은 사회의 빛과 소금이 되어야 한다(마 5:13-16). 또한 이방 세계에 영향력을 줄 수 있는 모범이 되어야 한다. 그것을 생각한다면 우리가 지금 치르는 대가는 비교적 저렴한 것이다.

하나님께서 자신을 따르라고 말씀하신 사람들 중에서 많은 사람들이 인간적 기준으로 볼 때는 지혜롭지 못한 사람들이다(고전 1:16). 그러나, 하나님께서는 그런 사람들만 부르신 것이 아니다. 하나님께서는 몇 명의 특출한 사람들을 부르셨고 사용하셨다. 바울은 대단히 재능이 뛰어

났으며, 잘 훈련된 사람이었다. 누가는 명망 있는 의사였다. 모세, 다윗, 다니엘, 그리고 많은 다른 사람들은 재주도 있고 잘 훈련된 사람들이기도 했다. 하나님께서는 사회의 모든 계층에 헌신적인 기독교인들이 있기를 원하신다.

만약 하나님께서 당신에게 어떤 재능과 능력을 주셨다면, 그것을 학생의 본분을 다함으로써 하나님의 영광과 명예를 높이는데 사용하라. 능력이 있으면 공부하기 위해 캠퍼스 사역을 포기하지 말라.

그러나 신앙적 사역을 위해 필요한 시간을 얻기위해 힘든 학업을 포기하는 일은 절대 하지 말라. 어려운 전공을 포기하고 별 볼 일 없는 전공을 택하기 전에, 당신은 자신이 2,3장에서 제시한 원리들을 적용해 오고 있었는지를 정직하게 생각해야 한다. 즐거운 마음으로 열심히 공부하라. 나중에 억지로 그것을 습득하기보다는 현 위치에서 자신을 다스리는 법을 배우라. 미혼으로써 한 주에 40시간도 공부하지 못하면서 캠퍼스 사역에 전념하는 학생은 자신의 삶의 후반기에 맞게 될 직업과 가족, 그리고 교회에서의 봉사에 효과적으로 대처할 수 없다.

장기적으로 무엇을 할 것인가에 대한 분명한 시야를 가지라. 그러면, 활동적인 캠퍼스 사역에서 충분한 영적 성장과 훈련을 받을 수 있을 것이다.

아마 당신은 모든 사람이 힘들고 어려운 전공을 택해야 하는 것이 아
님을 알게 될 것이다. 만약 캠퍼스 사역을 전혀 하지 못하고 어려운 전공
에만 몰입하고 있다면, 당신은 자신의 능력에 걸맞지 않는 직업을 겨냥하
는 것인지도 모른다.

요점

****

균형 잡힌 삶은 쉽게 이루어지지 않는다. 그러나 균형 잡힌 삶을 영위할 수 있게 하는 가장 좋은 시기는 학생 때이다. 전 생애에 걸쳐 단 한 번 있는, 그리고 영적, 인격적 모형을 개발할 수 있는 유일한 기회를 잡으라. 그 영적, 인격적 모형이 나머지 생애의 초석이 될 것이다

5 자아 분석

교육 기간 동안 실패하는 것은 외부적 요인 때문이 아니다. 결과는 스스로가 만들어 내는 것이다. 그것은 학생으로서 일상사에서 행한 선택에 의해 결정된다. 자신의 장점과 약점을 안다면 당신은 자신의 가장 좋은 친구가 될 수 있다. 바울은 간결하게 이 문제를 다음과 같이 언급한다. "내게 주신 은혜로 말미암아 너희 중 각 사람에게 말하노니 마땅히 생각할 그 이상의 생각을 품지 말고 나눠 주신 믿음의 분량대로 지혜롭게 생각하라."(롬12:3)

우리는 스스로에 관해, 그리고 하나님께서 우리에게 주신 선천적 재능에 관해 정확하게 평가해야 한다. 스스로를 온전히 아는 일은 자신의 전

생애를 통해서 해야 할 일이다. 그러나, 공부의 영역에서 이 작업은 극히 단순하다. 네 가지 기본적인 영역을 생각해 보자.

- ·지적 능력
- ·자기 훈련
- ·과거의 성취도
- ·성취할 수 있는 현재 능력

이런 영역들 모두는 자신들에게서 비교적 쉽게 관찰할 수 있다. 그러나 그것은 매우 솔직해야만 얻을 수 있는 것이다.

지적 능력

자신의 능력을 제대로 아는 데는 수년이 필요하다. 그러나, 우리는 지금 대학생활에 성공하기 위해 필요한 자신의 잠재력이 얼마인지 평가 할 수는 있다.

하나님께서는 각 사람이 상이한 육체적, 지적 특성을 갖도록 창조하셨다. 동일한 사람은 하나도 없다. 의심할 것 없이 어떤 사람은 다른 사람보다 학문적으로 좀 더 뛰어나다. 물론 당신은 자신보다 더 지적인 사람도 만날 수 있고, 당신보다 덜 지적인 사람도 만날 수 있다. 그러나 지적 능력이 어떤 사람을 더 우월한 존재로 만드는 것은 아니다. 단지 두 사람을 구별시킬 뿐이다.

하나님께서는 사람에게 지적인 은사를 주셨다. 그때 그 분은 유머 감각을 가지고 만드셨음에 틀림없다. 지적인 대부분의 사람들이 다른 중요한 분야 – 예를 들면 능숙하게 하는 손 작업, 사람에 관한 통찰력, 상식 – 에서는 완전히 바보이지 않은가?

나는 학문적 능력은 갖고 있다. 하지만 다른 많은 분야에서는 재능이 부족하다. 때때로 이 사실이 섬뜩하게 느껴질 때가 있다. 이를테면 손 작업 같은 분야에서 나는 문외한이다. 그래서 내가 할 수 없는 분야를 다른 사람에게 의존할 수밖에 없다.

우리는 각기 다른 분야의 재능을 받았다. 어떤 사람들은 자동차나 전기 기구를 조작하는 데 뛰어나다. 또 어떤 사람들은 학문적 영역에서 뛰어나다. 지능과 교육은 혼동되지 않아야 한다. 많은 교육을 받지 못했음에도 뛰어난 사람들이 있다. 단지 그들은 정규 교육을 받을 기회가 없었을 뿐이다.

이 책은 특히 고등 교육을 다루고 있다. 따라서 이 책에서는 지적 능력을 단지 학문적 영역에만 한정지어 생각할 것이다. 기본적 지능은 대학 생활의 성공을 위해서 필요하다. 지능은 일차적으로 사고력과 추리력, 분석력과 적용 능력으로 간주된다. 기초 지능 검사(IQ검사)는 잠재력에 대한 가장 오래된 평가방법 중 하나이다. 물론 그것이 성취도를 보장해 주는 것은 아니다. 자신들의 기초지능을 아는 사람이란 거의 없으며, 그것이 학문 연구에 도움을 주지도 못한다.

당신의 학문적 능력에 대한 최상의 길잡이는 표준화된 성취도 검사(performance test)와 과거의 성취도, 그리고 타인의 성적과의 비교, 부모와 교사들과 같은 타인들의 평가이다. 물론 이것들 중 어느 하나 만으로 학문적 능력을 결정할 수 없다. 함께 맞물려 돌아갈 때 결정적이 된다.

학문적 적성 검사나 미국 대학들에서 시행하는 교육 능력 평가 점수를 참고하라. 그 결과는 선천적 능력 뿐 아니라 고등학교 교육의 질에 의해 크게 좌우된다. 백분률로 평가된 성적을 통해 당신은 스스로의 능력을 알 수 있을 것이다. 물론 그것은 동일한 시험을 치룬 다른 학생들의 성적과 비교해 봄으로써 가능하다.

　예를 들면, 당신이 만약 75%의 성적을 받았다면 당신은 시험을 치룬 사람들의 75%의 성적보다 높은 성적을 받은 것이며, 25%의 성적보다는 낮은 점수를 받은 것이다. 만약 두 가지 능력 평가 중 한가지에서 약 50%정도에 해당하는 점수를 받았다면 당신은 대단히 노력해야 한다. 그렇지 않으면 대학 생활에서 성공할 수 없다. 70%이상의 성적을 얻었다면 당신은 대학에서의 공부를 할 충분한 능력이 있다. 낮은 점수가 지능이 낮은 것을 의미하는 것은 아니지만, 현재 당신이 대학생 수준의 일을 할 수 있는지를 알려주는 근거가 된다.

　자신의 능력을 스스로 평가해 보려면 다음과 같이 자문해 보라.

· 잘 읽을 수 있는가?

· 독서하는 것을 즐기는가?

· 생각하고 분석하기를 좋아하는가?

· 논리적 설명을 즉각적으로 이해하는가?

· 학문적인 활동에 적극적인가?

· 고등학생시절 열심히 공부했을 때 좋은 성적을 얻었는가?

위의 질문들에 긍정적인 대답이 많으면 대학 생활을 쉽게 할 수 있다. 또한 대학 생활에 만족하게 될 것이다.

자기 훈련

지능이 높다 해도 적절한 자기 훈련을 하지 않는 사람에게는 그것이 아무 소용 없다. 많은 평범한 사람들이 학교 생활을 잘 한다. 그 이유는 열심히 공부하기 때문이다.

내가 학적으로 이룬 대부분의 성과는 학문적 능력이 탁월해서가 아니라 열심히 공부한 결과였다. 나는 나보다 뛰어난 능력과 예지를 가진 많은 사람들을 보아 왔다. 그리고 내가 그들과 경쟁하기 위해서는 그들보다 더 많이 노력해야 함을 깨달았다.

자기 훈련이 없이는, 그리고 열심히 공부하지 않고는 학업을 잘 할 수 없다. 물론 당신이 1%의 천재군에 들어가는 학생이라면 열심히 공부하지 않아도 될 것이다. 그들은 천부적 능력으로 말미암아 대학에서 탁월한 성취를 이룰 수 있다. 그러나 그 외 99%에 해당하는 우리가 대학 생활을 잘 하려면 자기 훈련과 열심히 공부하는 것이 필요하다. 그것이 인생에서 우리의 몫이다.

솔직히 말해서 성공하기 위해 투쟁할 기회를 잃어버린 사람들이 있다. 대단히 유감스러운 일이다. 그들은 자신의 인격을 도야하고 하나님을 철저하게 신뢰하는 놀라운 경험을 할 수 있는 기회를 잃었기 때문이다. 쉽게 성공할 수 있다면 성공에 대한 매력은 곧 사라질 것이며, 그것을 당연한 것처럼 여기게 될 것이다.

자기 훈련을 하기에 앞서 다음과 같은 문제들을 생각해 보아야 한다.

- 현재 나는 시작한 일을 끝마치고 있는가?
- 마음에 들지 않는 일이라도 최선을 다하고 있는가?
- 감독하는 사람이 없어도 자신의 일을 잘 하고 있는가?
- 정시에 일을 시작하는가?
- 그만 두고 싶을 때 조차도 열심히 공부하고 있는가?
- 개인적 욕심을 자제하고 있는가?
- 기쁜 마음으로 열심히 공부하는가?
- 정한 목표를 대부분 성취하는가?

긍정적인 대답이 많을 수록 자기 훈련이 잘 된 사람이다. 기억하라. 이런 평가가 곧 개인의 역사이다. 당신은 가까운 장래에 당신이 원하는 모습으로 잘 훈련될 수 있다. 그것은 당신에게 커다란 유익을 줄 것이다.

"게으른 자는 그 잡을 것도 사냥하지 아니하나니 사람의 부귀는 부지런한 것이니라"(잠 12:27). 잠언의 가르침에 따르면 몸과 마음을 훈련하지 않는 사람은 결코 성공할 수 없다.

과거의 성과와 배경

앞으로 할 연구의 성패를 알려주는 척도 중 하나는 과거의 성취도이다. 물론 배경도 한 척도가 된다.

이것에 관해 좀더 상술하기 전에 먼저 주의를 기울여야 할 것이 있다. 사람이 그리스도를 영접하고 기독교인이 되면 그의 삶은 완전히 새로운 국면을 맞게 된다. 재창조되는 것이다(고후 5:17참조). 그렇다고 해서 금방 천재가 되는 것은 아니다. 단지 공부하는 동기와 공부하는 방법이 급속히 변화될 뿐이다. 이제 고등학교 성적은 능력의 척도가 될 수 없다. 고등학교에서 공부하지 않았기 때문에 여전히 학문적으로 부족할 수는 있다. 그러나 당신의 능력은 고등학교 성적이 보여주는 것보다 월등히 더 나을 수도 있다. 부족한 기초를 보충하기 위해 고등학교 수준의 기초 과목(많은 전문 학교나 전문 대학에서 배울 수 있음)을 다시 배울 필요가 있다. 기초과목을 이수하고 기초 지식을 갖추면 당신은 우등생이 될 수도 있다.

반면에 고등학교에서 우수한 성적을 거두었다고 해서 대학에서도 공부를 잘 하는 것은 아니다. 고등학교에 따라서는 거의 노력하지 않고도 좋은 성적을 얻을 수 있기 때문이다. 노력하지 않으면 대학 생활은 실패할 수 밖에 없다. 그러므로 고등학교 성적보다는 표준화된 시험성적이 더 신뢰할 만하다. 일반적으로 고등학교의 규모가 작으면 작을 수록 경쟁률도 낮다. 높은 학업 성적은 학교 규모가 크면 클수록 좀 더 신빙성이 있다.

예를 들면, 200명 이상이 졸업하는 학급에서 4점 만점에 평점 3.25 이상을 취득하면 높은 점수이다. 100명 - 200명이 졸업하는 학급에서 평점 3.5 이상을 취득하면 대단히 높은 점수이다. 100명 이하 학급에서의 평점은 의미가 없다. 평점은 학교의 기준에 의해 좌우되며 제한된 영역의 경쟁 결과이기 때문이다. 일반적으로 학교 규모가 작은 학교의 졸업생은 좀 더 높은 점수를 취득해야 한다. 그래야만 대학에서 공부하는데 지장이 없다.

이미 대학 과정을 마쳤다면 그것을 능력의 지표로 삼을 수 있을 것이다. 전문 대학이나 전문 학교는 일반적으로 4년제 단과 대학이나 종합 대학처럼 많은 능력을 필요로 하지 않는다. 이것을 자기 평가의 기초로 삼으라.

성취도 평가 능력

많은 학생들이 특정 교과 혹은 특정 시험에서의 자신의 능력을 잘못 평가하고 있다. 어떤 사람들은 자신이 A 학점을 취득할 것이라 생각하지만 C 학점 밖에 취득하지 못한다. 또 어떤 사람들은 C 학점 이하의 성적을 취득할 것이라고 말하지만 A 학점을 취득한다. 정확하게 자신의 학점을 예견할 수 있는 사람은 거의 없다. 심지어 어떤 사람은 자신의 학점에 거의 신경을 쓰지 않는다. 당신은 어떤 과목에서 어떤 학점을 받을 것인지 예견할 수 있는 능력을 길러야 한다. 그래야만 문제가 발견될 때 그것을 개선 할 수 있다.

다음 학생들의 유형중에서 당신은 어떤 유형에 속하는가?

조, 영원한 낙천주의자

조는 항상 사물의 밝은 면만 본다. 자신이 공부를 잘 하지 못한다는 것을 거의 인식하지 못한다. 자신의 성취도에 대한 평가는 제일 낮은 한 두 과목의 점수를 무시하고 행한다. 그는 시험을 거의 의식하지 않으며, 시험 준비를 하지 않고도 걱정하지 않는다. 그리고 시험을 잘 보지 못했음에도 잘 본 양 생각한다. 시험을 잘 보지 못했음에도 교수가 패스시켜 줄 것을 기대한다.

마르타, 영원한 비관주의자

마르타는 언제나 자신이 실패의 끝에서 시소를 하고 있다고 생각한다. 그녀가 말하는 것을 들으면 가방을 싸고 곧 집에 갈 것처럼 들린다. C 학점을 받을 것이라고 말하지만 A 아니면 B 학점을 취득한다. 시험에 실패했다고 투덜거려도 좋은 성적을 얻는다. 그녀의 얼굴은 항상 수심이 가득하다.

스탄, 항상 행복한 사람

　　스탄은 거의 학점에 신경쓰지 않는 것처럼 보인다. 어떤 때는 공부하지만 또 어떤 때는 놀기만 한다. 어떤 과목은 잘하고 다른 과목은 못한다. 성적표가 나올 때마다 이변이 일어난다. 그는 과목의 평균 점수를 알려고 하지 않으며 학급 평균과 자신의 성적을 비교해 보지도 않는다. 만약 알았다면 그것을 생각하고 개선점을 찾으려고 노력했을텐데... 그는 학업 성적에 대한 무시로 일관했고 항상 무사 태평이었다.

헬렌, 열심히 공부하는 사람

　　헬렌은 내일 낙제할 것이 틀림없는 사람처럼 열심히 공부한다. A 학점이 확실시될 때조차도 광적으로 공부에 몰두한다. 공부 외에는 다른 일을 할 시간이 없다. 더 좋은 학점 취득의 기회를 놓쳐 버릴지도 모른다는 조바심 때문이다.

아트, 정확한 사람

아트는 비관주의자일 수도 낙천주의자일 수도 있다. 그러나 그의 평가는 항상 정확하다. 이러한 유형에 속한 학생은 우수한 학생이거나 평범한 학생일 수도 있다. 그러나, 자신의 위치를 잘 안다. 시험 전에 자신이 얼마나 공부했는지 알고 있다. 시험 후에 자신의 성적을 짐작한다. 일반적인 의미에서 볼 때 그는 자신을 잘 알고 있다.

위의 유형 중 당신은 어느 유형에 속하는가? 아마 최소한 2-3가지 유형의 혼합체일 것이다. 우리들 모두는 아트처럼 정확한 사람이 되기를 원하지만 그렇게 되는 사람은 거의 없다.

두 가지 주요 측면 – 개인 평가와 특정 과목의 취득 성적 – 을 고려하면 성취도를 측정할 수 있다. 매 시험마다 스스로가 취득했다고 생각하는 점수를 기록하고 시험 결과와 비교하라. 이런 비교를 통해 스스로의 자아 분석력을 확인할 수 있을 것이고, 실제적으로 교정해야 할 바가 무엇인지 깨달을 수 있을 것이다.

매 과목마다 다음과 같이 해 보라.

   1. 가르치는 사람의 평가 기준을 이해하라.

   2. 시험 성적과 숙제의 평가 점수를 기록하라.

   3. 성적이 문자로 되지 않고 숫자로 되어 있으면 학급
      평균을 기록하라. 물론 학급 평균이 나와 있을 경우
      에 한해서이다.

   4. 자주 자신의 학업 성취도를 확인하라.

낙천적인 생각을 버리라. 현재 자신의 학업 성취도를 깨닫고, 공부시간과 전략 과목을 설정하라. 현실은 가혹한 것이다. 학업에 있어서 현실적이 되라. 시험 후 자신의 성취도를 스스로 평가하라. 그러면 시험 준비 과정에서 무엇이 미흡했는지 알게 될 것이다. 실패를 교훈 삼아서 잘못된 점을 교정하라.

요점

****

자신의 능력과 자신을 잘 알려고 노력하라. 그러면, 부과된 학과목에 더 빨리 적응할 수 있을 것이며, 공부 시간을 적당하게 배정할 수 있을 것이고, 학점을 잘 딸 수 있을 것이다. 학생으로서의 자아 훈련을 잘 하라.

6 전과목 A학점을 위해 노력해야 하는가

어떤 학생들은 높은 학점에 집착하는 경향이 있다. 또 어떤 학생들은 모든 과목에서 다 A 학점을 받으려면 엄청난 힘과 노력이 필요하다는 이유로 시도조차 않으려 한다. 어떤 학생이 모두 C 학점을 받았다면? 만일 대학에서 공부할 자격이 없는 극히 드문 사람 중 하나가 아니라면, 우리 대학 체제에서 평균 C 학점을 받는다는 것은 제대로 공부하지 않은 원인 때문이다.

학점이 얼마나 중요한가?

어떤 학점을 받아야 할 것인가를 논하기 전에 학점이 정말 중요하고 의미 있는가를 먼저 생각해 보자. 이 질문에 대한 대답은 "가치 없는 것"이라는 것에서부터 "최고로 중요하다"는 대답에 이르기까지 다양하다. 몇몇 경우에는 학점이 학업에 대한 진정한 척도이다. 다른 상황에서는 학점이 배운 것과는 전혀 무관하다. 대부분의 학생들은 대학을 다니는 동안 한 두번 쯤 부당한 학점을 받은 경험을 가지고 있다. 정확성, 공정성, 일관성, 학습과의 관계라는 관점에서 볼 때 학점은 종종 문제가 있다. 학점은 교수에 따라서, 그리고 과목의 성격에 따라서 천차만별이다. 그러나 학점에 대해 비판적인 시각을 갖기 전에 학점이 의도하는 바가 무엇인지를 먼저 생각해 보자.

학점의 기본적인 목적은 특정과목에서의 학업수준을 측정하는 것이다. 물론 어떤 학점 제도도 학업 수준을 완벽하게 측정할 수는 없다. 어느 시험이나 단지 한 주제를 선택하여, 학생이 그 과목의 특정한 부분을 알고 있나 측정하는 수밖에 없다. 어떤 학생들의 경우 시험 점수는 좋지만 그 과목에 대해서는 잘 이해하지 못하는 경우가 있다. 그러므로 학점

은 단지 학습을 받았다는 하나의 표징이지, 학업수준을 확인시켜주는 것
은 아니다.

그러나 분명히 학점은 중요하며 의미 있는 것이다. 과목의 학점과 학
위는 특정한 학습 수준이나 성취도를 근거로 하여 주어지는 것이며, 단지
출석했다는 사실에 근거하여 주어지는 것이 아니다. 의미 있는 교육과 학
위를 받기 위해서는 어떤 평가 제도가 있어야만 한다. 학점은 그와 같은
제도의 하나이다. 종합 필기 시험 역시 그와 같은 제도의 하나이다. 구두
시험도 가능하다. 그러나, 이 모든 방법들에는 주관적인 요소들이 게재
된다.

부분적인 부정확성에도 불구하고 학점은 어떤 학생이 어떤 과목에서
얼마나 배웠는가를 측정한다. 학점은 학교에서의 성취도를 나타내는 영
구적인 기록이다. 다른 학교로 전학하려는 사람에게 있어서 학점은 매우
중요한 심사 기준이 된다. 학점은 또한 진학을 결정하는 데도 중요한 요
소이다.

몇몇 학생들은 고용주가 관심을 갖는 것은 학위이지 학점이 아니라고
잘못 생각한다. 물론 학위는 중요하다. 그러나 학점 역시 중요하다. 경쟁
적인 직업 전선에서 고용주는 학점의 평균과 특정 과목의 학점을 가지고

그 사람의 추진력과 능력, 그리고 학문적 수준을 가름한다.

성취도에 대한 태도

좋은 학점을 취득하려는 욕망으로 인해 몇몇 사람들은 높은 성취도를 보인다. 다른 사람들은 학점에 별로 관심도 없고 단지 과정을 통과하는 데만 초점을 맞춘다. 왜 이런 차이가 생기는가?

그 차이는 학업 성적에 대한, 그리고 궁극적으로 세속적 삶의 영역에서의 성공에 대한 개인의 태도 차이 때문에 비롯된다. 그리스도인의 삶을 특징지어 주는 것은 탁월함이지 나태함이 아니다. 하나님께서는 각 사람이 자신들의 일터와 세속적 분야에서 능력껏 잘 해 나가길 원하신다.

몇몇 학생들은 영적인 목적을 위하여 좋은 성적을 포기하는 것이 옳다고 생각할지 모른다. 또 어떤 사람들은 성공을 목표로 노력하는 것이 세상적이라고 느낄 수도 있다. 두 가지 다 성경적이 아니다. 성공에 대한 욕구가 자만심에서 비롯되었을 때만이 죄이다. 사실상 성경은 반대 의견을 제시한다. 잘 할 수 있을 때 잘못하는 것은 올바른 일이 아니다. 나의 친구 빌(Bill Tell)의 말처럼 "당신의 책임을 희생하는 것은 결코 올바른 것이 아니다." 이런 관점에서 볼 때 잘 한다는 것은 당신의 능력에 의해 좌우되는 것이며, 정상적인 40-50시간의 공부/주간 수업 안에서 이루어지는 것이다. 80시간이나 되는 장시간의 학습이 중요한 것은 아니다.

평범함은 어떤 유익도 보상도 없다. 후버(Robert Hoover)대통령이 다음과 같이 말한 것은 매우 고무적이다.

"미국은 평범한 사람들을 양산하는 위험에 처해 있다. ··· 이제 우리는 기억해야 한다. 위대한 인간적 진보는 평범한 선남선녀들에 의해 이루어진 것이 아니라는 사실을, 그것은 뛰어난 사람, 특히 생명력 있는 지도력을 가진 사람들에 의해서 이루어졌다. 많은 위대한 지도자들은 비천한 신분이었다. 그러나 그것이 그들의 위대함은 아니었다. 흥미로운 사실은 병들었을 때 저마다 유능한 의사를 찾는다는 것이다. 차가 부숴졌을 때는 유능한 기술자를 찾고, 전쟁이 나면 특출한 해군 제독과 장군을 찾는다. 모든 부모들은 자신들의 아이들이 특출한 아들 딸들이 되기를 우리는 평범한 사람을 원치 않는다. 우리는 최고의 사람을 원하며, 그 사람이 그리스도인일 때 무한한 자부심을 느낀다. 그러면 그와 같은 최상의 그리스도인 전문가는 어디서 만들어지게 되는가? 학생 때부터 영적으로 성장하며, 학생으로서의 본분을 잘 감당했던 남녀에게서 나타나게 된다.

당신의 태도는 능력과 최선을 조화시키는 것이어야 하며, 정상적인 40-50시간의 주간 공부시간 안에서 열심히 공부하려는 것이어야 한다. "이 율법책을 네 입에서 떠나지 말게 하며 주야로 그것을 묵상하며 그 가운데 기록한대로 다 지켜 행하라. 그리하면 네 길이 평탄하게 될 것이라. 네가 형통하리라"(수1:8) 는 말씀을 자신의 삶에 적용하려는 당신의 노력에 대해 하나님께서는 복을 내려 주실 것이다.

이런 태도와 노력은 훗날 당신의 삶에 커다란 유익을 제공해 줄 습관을 형성시켜 준다. 사실상 학교에서 몸에 익힌 이와 같은 최선의 태도와 습

관은 양질의 성경공부와 영적인 삶을 훈련하는 데 직접적으로 적용할 수
있을 것이다.

성공은 성공을 낳는다. 목표를 성취하게 되면 삶의 모든 분야에서 자
신감을 갖게 된다. 좋은 학점을 얻기 위한 목표를 설정하고 그것을 성취
하는 방법을 배우라. 그것이 영적 사역과 영적 생활에 도움을 줄 것이다.

마지막으로, 우리가 이룬 성공에 대한 우리의 태도는 감사함이어야 한
다. 우리가 성공한 것은 우리 자신 때문이 아니다.

> "우리가 무슨 일에든지 우리에게서 난 것으로 생
> 각하여 스스로 만족 할 것이 아니니 우리의 능력은
> 오직 하나님께로서 났도다" (고후3:5).

> "누가 너희를 구별하였느뇨 네게 있는 것 중에 받
> 지 아니한 것이 무엇이뇨 네가 받았은즉 어찌하여
> 받지 아니한 것 같이 자랑하느뇨" (고전4:7).

우리의 모든 능력은 하나님께로서 직접 온 것이며, 우리는 단지 청지

기일 뿐이다.

목표들-어떤 학점을 취득해야만 하는가?

앞의 부분을 읽으면서 이미 당신은 전 과목 A 학점을 취득하거나, 능력이 허락하는 한 최고의 학점을 취득하겠다는 생각을 했을 것이다. 언제나 자신의 능력을 최대한 발휘하여 공부하는 사람은 없다. 우리들 모두는 자주 시간을 허비하며 최고의 실천력을 발휘하지 못한다.

전 과목 C 학점을 받아들일 것인가? 아니다. 평균 C 학점이 졸업할 수 있는 최저 학점일 때는 더욱 더 그렇다. 간신히 졸업만 하는 것이 목표라면 실수나 실패에 대비할 여지가 없어지게 된다. 만약 다음과 같은 상황이라면 특정 과목에서의 C 학점을 목표로 할 수 있을지 모른다.

- 그 과목이 당신의 교육적 필요와 무관할 때
- 그 과목이 매우 어렵고 과중한 시간을 요구 할 때
- 학기 중의 다른 과목이 너무 어렵고 시간을 많이 요구해서 다른 것을 소홀히 해야만 할 때

- 전반적 평균 성적이 C 학점을 충분히 흡수할 수 있을
  만큼 높을때

개인적인 성적 목표를 세울 때 다음과 같은 것을 고려하라.

- 당신의 능력
- 당신의 욕구
- 당신의 이용 가능한 시간
- 당신의 전반적 목표

일반적으로 대부분의 학생들은 최소한 평균 B 학점(4점 만점에 3.00)을 목표로 삼아야 한다. 평균 3.23점은 좀더 기분좋고 안정적이다. 계속해서 우수했던 학생들이라면 평균 3.25-3.75사이를 받을 수 있다. 극소수의 학생들만이 평균 3.75 이상을 얻을 수 있을 것이다.

그러면 어떻게 당신의 능력을 측정할 수 있는가? 우리는 이미 그것을 평가할 수 있는 암시를 줄만한 여러가지 요소에 관해 논했다.

· 당신의 고등학교 성적

· 표준화된 검사 결과(ACT,SAT)

· 대학에서 지금까지 받은 학업 성적

· 당신의 능력과 자기 훈련

　다음 페이지에 있는 도표를 이용하여 자신을 좀 더 분석해 보라. 그것은 당신에게 가능한 목표가 무엇인지에 대한 일반적인 개요를 제공할 것이다. 표준화된 검사 결과에 대해서는 다음에 나오는 지침을 하나의 평가 기준으로 삼으라. 나는 이런 평가에 대한 통계학적인 유용성에 대해서는 아는 바가 없다. 그것은 점수가 갖는 의미에 대한 나의 개인적 해석이다.

90% 이상	A
80 - 90%	B+ ~ A-
70 - 79%	B
60 - 69%	C+ ~ B-
50 - 59%	C
50% 미만	C-

다음 도표를 채워 나감에 있어 정확한 학점을 손쉽게 알 수 없다면, 고
등학교나 최근의 점수를 참고하라. 그 한 예로 표 6-2를 보라.

	종합점수	수학/과학	교양과목(영어, 역사, 어학)
고등학교 평점			
학력고사 점수			
현재까지의 대학 학점			
자기 통제 정도	✕		
예상학점 정도			

특정한 목표
1.
2.
3.
4.
5. 학기내 목표평점

표 6-1

이 도표를 사용하여 목표를 설정함에 있어 다음 몇 가지를 기억하라.

· 당신이 고등학교에서 비 그리스도인으로서 낮은 점
수를 받았다면 당신은 아마도 좀 더 좋은 접수를 받
을 수 있을 것이다.

· 당신의 표준화된 검사 결과가 매우 낮다면 그 원인은

당신의 천부적 능력과 아무런 관련이 없을 수 있다.
아마 낮은 고등학교 성적 때문에 그 검사에 대한 적
절한 배경지식이 없었기 때문일 것이다. 그 검사에
대한 준비 부족도 그 이유가 될 것이다.(지침서가 그
검사를 준비하는데 도움을 줄 수 있다.)

	종합점수	수학/과학	교양과목(영어, 역사, 어학)
고등학교 평점	3,12	2,8	3,3
학력고사 점수	81(B$^+$)	78(B)	91(A)
현재까지의 대학 학점	2,8	2,4	3,0
자기 통제 정도		中	中上
예상학점 정도	B$^+$	B	A

특정한 목표

1. 영어   210   A
2. 역사 1 150   A- 또는 B+
3. 수학   112   B
4. 물리학 201   A
5. 학기내 목표평점 3,4

표 6-2

· 이 도표의 가장 큰 변수는 자기 훈련이다. 자기 훈련
이 많이 되어 있으면 되어 있는 만큼 당신의 접수와
목표치는 증가할 것이다.

· 과거의 성취도가 낮았다면 너무 높은 목표를 설정하
지 말라, 극단을 피하라, 반대로 높은 잠재력을 갖고
있다면, 너무 낮은 목표를 설정하지 말라, 그것 때문
에 어떤 도전도 받지 못하게 될 것이다, 목표를 설정
하고 그것을 이루는 가운데 당신은 자신에게 접근하
는 법과 합리적이지만 도전적인 목표를 세우는 방법
을 배우게될 것이다,

현재 많은 학교들이 문자화된 학점을 주기보다는 합격, 불합격(pass /
no pass)으로 판정하는 과목을 택할 수 있도록 하고 있다. 학생들이 이런
선택 과목을 택해야 할 것인가? 아니다. 합격/불합격은 단지 최소한의 성
취도만을 측정할 뿐이다. 안목 있는 경영자는 자주 합격/불합격으로 표
시된 성적표를 보면서 그 학생이 너무 쉽게 공부해 왔다는 것을 즉각적으
로 알게 될 것이다. 이것에 대한 한 가지 예외는 지명도가 높은 대학에서
개설된 합격/불합격으로 판정되는 학과목이다. 그 학교에서의 불합격은
B학점 미만을 의미하기 때문이다. 가능하다면 문자화된 학점을 주는 과
목을 이수하라. 그러나, 가끔씩 비전공 과목에서 합격/불합격으로 판정

되는 과목을 이수하는 것은 무난하다.

어떻게 좋은 성적이 유익을 제공하는가?

좋은 학점을 취득하면 몇 가지 중요한 유익을 얻게 된다. 이런 유익을 생각해 보자.

1. 가장 큰 유익은 이후의 학창 생활에서 나타날 수 있는 많은 부담감에서 해방된다는 것이다. 어려운 과목과 종교적 사역 사이에서 부담이 증가할 때 한 과목 혹은 두 과목에서 낮은 학점을 취득해도 좋을 여유가 생길 것이다.

2. 좋은 학점은 대학원에 입학하는 지름길이다. 일반적으로 대부분의 대학원은 최소한 3.0을 요구한다. 또 다른 입학 조건은 대학원 입학고사(GRE)이다. 이 시험은 낮은 학점의 결과를 무마시킬 수 있다. 학부 학생들은 대학원에 진학하리라고 생각하지 않는다. 그

러나 얼마 후에 그들은 그 필요성을 느낀다. 대학원
이 목표이든 아니든 대학 성적의 평균 평점이 3.0은
되어야 대학원의 문은 열리게 된다.

3. 좋은 학점은 취업이나 경력에 도움이 된다. 비록 학점
이 안목 있는 경영자가 고려하는 유일한 것은 아니라
할지라도, 당신의 욕구와 능력, 성취도를 측정하는 도
구가 된다.

4. 많은 진실한 기독교인들이 해외에서 전문적 직업인
으로서 하나님의 사역에 봉사하기를 원한다. 그들이
깨닫지 못하는 것은 해외체류 직원의 채용은 전문화
된 기술과 공인된 숙련도, 그리고 높은 성취도를 요
구한다는 것이다. 회사는 최저의 자격을 갖춘 사람에
게 해외 시장을 맡기지 않는다. 외국 정부는 다른 나
라로부터 자신들의 직장에 사람을 고용할 때는 오직
특출한 자격이나 기술을 가진 사람들만을 고용한다.

5. 좋은 학점을 통해 훌륭한 증인이 될 수 있을 뿐 아니
라 성취감을 맛볼 수 있다. 공부를 잘함으로써 당신

삶 속에서 하나님의 복 주심을 경험할 수 있는 기회를 갖게 된다. 당신은 또한 좀 더 나은 업적을 이룰 수 있을 것이라는 확신을 갖게 된다.

캠퍼스 사역단체의 지도자들이 지도적 위치에 있는 학생들에게 일정 수준의 목표 학점을 요구하는 것은 바람직한 것이다. 낮은 학점은 학생들이 캠퍼스 사역의 능동적 지도자가 되지 못하게 한다. 그것은 마치 일터에서의 낮은 명망이 어떤 사람으로 하여금 교회의 장로가 되지 못하게 하는 것과 같다(딤전 3:7 ; 살후 3:6-12). 성적이 좋지 못한 학생은 어떤 지도력도 발휘할 수 없다.

요점

****

당신은 전과목 A 학점을 받아야 하는가? 당신의 능력이 닿는다면 그렇게 해야 한다. 중요한 사실은 당신의 능력과 개인적 목표라는 한계 내에서 가능한 한 최선을 다하는 것이다.

1) Bits and Pieces(Fairfield, New Jersey: Economics Press, Feb., 1977), pp.20-21에서 재인용

7 핵심적인 문제들

학문적 문제들은 노력하지 않으면 해결될 수 없다. 당신은 기도할 수 있고 하나님과 개인적으로 동행할 수도 있다. 규칙적으로 복음전파의 사명을 감당할 수 있다. 그럼에도 불구하고 열심히 공부하지 않으면 학업에서는 실패할 것이다. 어떤 현명한 성자는 이렇게 말했다. "모든 일이 하나님에 의해 좌우되는 듯이 일하라." 신학적으로 이런 말에는 논란의 여지가 있을지 모른다. 그러나 확실한 것은 이 말이 실제적인 사실을 제시한다는 것이다. 그것이 전달하는 진리는 "우리는 하나님과 열심히 일하는 것에 의해 좌우된다"는 것이다.

이 장에서 우리는 몇 가지 문제들을 생각할 것이다. 그것들은 많은 학생들이 학창시절에 몇 번쯤은 씨름하게 되는 것들이다.

게으름과 나태함

> "적을 정복하는 자보다 자신의 욕망을 정복하는
> 자, 그는 용감하다. 가장 힘든 승리는 자아를 이기는
> 승리이기 때문이다."
>
> 아리스토텔레스

게으름과 나태함을 극복하는 유일한 방법은 습관을 바꾸는 것이다. 당신은 반드시 자아훈련을 해야한다. 제2장에서 제시된 원칙들은 당신이 무엇을 해야 할지 알려줄 것이다. 반드시 그렇게 해야만 한다. 모든 책략이나 공부방법은 적용하지 않으면 아무런 소용이 없다.

삶의 어떤 영역에서 성공하려면 반드시 개인적 극기심을 길러야 한다. 하나님께서는 당신에게 극기의 능력을 주셨다. 단지 활용하는 일만 남았다. 프랑스 작가 빅톨 유고는 "사람에게 부족한 것은 힘이 아니라 의지이다." 라고 말했다. 우리는 하나님의 뜻을 행하기 위해 결심해야 한다.

그러면 어떻게 극기심을 얻을 수 있는가? 먼저, 극기심을 발휘해서 당신이 성취할 수 있는 목표를 설정하라. 두 번째 단계로는, 계획을 설정하고 하나님 앞에서 그것을 지킬 서약을 하라. 그것을 지켜볼 친구를 구하라. 세번째 단계로는, 나쁜 습관을 버리고 새로운 습관을 들이는 작업을 꾸준히 지속하라. 마지막 단계로는, 습관을 고친 것이 주는 이점들을 경험하고 당신의 목표가 실현되는 것을 바라볼 때까지 충분히 계속해야 한다.

따라잡기

모든 사람들은 때때로 뒤떨어지기 마련이다. 어떻게 그것을 해결할 것인가? 어떤 과목에서(2주 이상) 뒤떨어 졌다면 그 과목을 포기해야 할지도 모른다. 그러나 적당히 뒤떨어져 있다면, 서너 가지 대안이 있다.

1. 따라잡지 않고 낮은 학점을 취득한다.
2. 서너 주에 걸쳐 약간씩 따라 잡는다.
3. 며칠동안 그 과목에 집중 투자함으로써 그 과목을 따

라 잡는다.

4. 그 과목의 수강을 포기한다.

두 번째나 세 번째의 선택을 할 것이라면 다음과 같은 과정을 따르라.

1. 아직 하지 않은 숙제는 학점을 취득하기 위해 제출할 수 있는 것(제출해야만 하는 것)과 공부하는데 필요한 것으로 나누라.

2. 다음 며칠 동안은 필수적이지 않은 것은 삼가라.

3. 집중적으로 공부할 얼마의 시간을 계획하라(예를 들면 토요일 전체)

4. 집중적으로 공부하기로 설정한 시간 전에 그 과목의 숙제를 마치는데 필요한 자료들을 가지고 있는지 확인하라.

5. 최상의 학점을 받기 위해서는 가장 최근에 부과된 과제를 하라. 늦은 과제를 하기 위해 최근에 부과된 과제를 소홀히 하지 말라.

6. 제출해야 하지만 하지 못했던 과제를 하라.

7. 이해를 돕기 위해 복습을 하고 시험에 대비하라.

무엇보다도 교수와 이야기하라. 당신이 따라잡기 위해 노력하고 있음을 알리라. 뒤떨어진 것이 정당한 이유 때문이라면 그들은 이해하고 숙제 제출 마감 일을 연장해 줄 수도 있다. 사정을 알리고 교수와 함께 공부하라. 약간의 의사소통이 대단히 큰 차이를 가져다 줄 수 있다.

최근에 내 아들과 딸이 각기 다른 과목에서 뒤떨어진 적이 있다. 나는 그들에게 교수와 이야기해 보라고 권했다. 한 학생은 시험을 연기 받았고, 또 다른 학생은 실습 리포트의 제출일을 연기 받았다. 교수와 전혀 이야기를 나누지 않고 조용히 있는 낙제생은 교수의 이해를 얻을 수 없다.

분명히 당신은 이런 따라잡기 과정을 자주 할 수는 없다. 또한 깊이 생각하지도, 기도해 보지도 않고 학과 공부를 따라잡기 위해 신앙적 사역을 그만두는 일은 행하지 말라.

계속해서 뒤떨어진다면 당신은 낮은 점수를 받게 되리라는 사실을 받아들이라. 당황해서 신앙적 사역과 다른 중요한 활동들을 내팽개치는 일이 있어서는 안된다.

과도한 따라잡기 노력은 중요한 문제점을 낳는다. 다른 강좌의 부담이 있을 경우에는 더욱 그렇다. 학업을 계속하기 위해 극기하라.

동기 부여 요인의 상실

많은 학생들이 다음과 같은 이유 때문에 공부하고 싶은 마음을 잃어버린다.

- 육체병
- 정서적 스트레스
- 죄
- 과목에 대한 혐오감
- 목적의식의 결여
- 삶에 대한 방황
- 현재 전공에 대한 의문
- 학교에서의 불성실

당신의 상태를 지난 학기와 비교해 보면 그것이 동기부여 요인의 상실로 인한 것인지 아니면 게으름 때문인지 판명된다. 얼마 전까지만 해도 몇 주 동안, 아니면 몇 달 동안 공부를 잘 해왔는데 지금은 공부하고 싶지 않다면, 그것은 동기부여 요인의 상실 때문이다. 현재 상황이 이전부터 계속되어온 상황이라면, 그것은 게으름 때문이다.

어떻게 당신의 동기를 다시 활성화시킬 수 있을까?

1. 공부를 자신의 뜻이라고 생각하라, 이런 기간을 통해 인내를 배울 수 있을 것이다,

2. 당신 삶에 영적인 문제나 죄의 문제가 대두되고 있는지를 살펴보기 위해 영적으로 자신을 돌아 보라, 그런 문제가 있다면 하나님을 의뢰하라,

3. 육체적인 건강이나 영양상태에 주의하고 휴식을 취하라,

4. 동기를 상실한 요인이 무엇인지 식별하도록 노력하라, 목표나 전공 분야를 재검토해 볼 필요가 있을지도 모른다,

5. 성숙한 그리스도인 친구에게 상담하라. 그는 당신에게 필요한 것이 무엇인지 알게 할 것이며 그것을 수정하도록 도와 줄 것이다.

6. 적절한 동기와 목표를 설정하는 데 필요한 내적 동기를 달라고 하나님께 간구하라.

7. 기도와 말씀 속에서 여가 시간을 보내라. 진정한 동기 부여는 하나님께로서 나온다. "내 육체와 마음은 쇠잔하나 하나님은 내 마음의 반석이시오 영원한 분깃이라"(시73:26) 개인의 동기는 다시 생길 수도 있지만 많은 시간을 요한다. 계속해서 하나님께 다가가도록 자신을 훈련시키고, 하나님께서 새롭게 동기부여 해주시기를 기다리라.

저조한 학업 성적의 극복

어떤 학생들은 능력 부족 때문이 아니라 부적절한 학문적 배경을 가졌기 때문에 공부를 잘 하지 못하는 경우가 있다. 예를 들자면 다음과 같은 것들이다.

- 별로 좋지 못한 고등학교에 다닌 것
- 경쟁이 낮아서 학생이 열심히 공부하지 않아도 살아
  남을 수 있는 소규모 학교에 다닌 것
- 잘못된 공부 습관을 가진 것
- 쉬운 과목만 택해서 공부했기 때문에 대학에서 공부
  하는 데 필요한 배경지식을 갖지 못한 것
- 고등학교를 마치고 대학에 진학하기까지 수년이 걸
  려서 그 동안 적절한 자료들을 잊어버린 것
- 특정한 과목, 특히 영어 수학에 약한 것

이런 경우조차 다음 몇 가지 대안에 의해 극복될 것이다. 준비되지 않은 과목은 수강하지 말라. 낙제할 것이다. 다음에 제시하는 바를 따라서 적절한 배경 지식을 갖도록 하라.

1. 무엇이 특별히 필요한가를 알아 보라.

2. 필요하다면 당신의 부족한 부분을 알 수 있는 검사를 받아 보라, 학교의 상담자들이 지도해 줄 것이다,

3. 고등학교 과정을 복습하거나 고등학교 수준의 강의를 들으면서 충분한 수준에 이를 때까지 배경 지식을 넓히라, 대학에서 학점신청을 하지 않고 수업을 듣거나 가까운 대학에서 이런 일을 할 수 있다, 비록 1년이 걸린다 하더라도 적절한 배경 지식을 얻어라,

빈약한 학적 배경을 가진 것이 불명예스러운 것은 아니다. 그렇다고 해서 그것을 개선하기를 멈추지 말고, 학문하는 동안에 그것을 계속 연습하라.

나쁜 학점

과거를 바꿀 수는 없다. 새로운 학점을 취득하기까지는 이미 취득한 학점과 더불어 살아야 한다.

1. 성적이 나쁜 이유를 파악하라, 그리고 그 결과에 따라서 구체적으로 수정하라,

2. 단지 어떤 과목에 대해 잘 알기 위해서 한 두 과목을 청강할 수도 있다, 만약 기초 과목에서 C 학점이나 D, 혹은 F 학점을 받았다면 그것은 재수강할 필요가 있다, 그렇게 하기 전에 필요한 기초를 다지라,

3. 낮은 학점을 상쇄하는 높은 점수를 얻기 위해 좀 더 많은 집중력을 투자해야 한다, 그렇게 하기 위해서 좀더 손쉬운 과목을 신청할 것을 고려해 보라,

4. 5장과 6장을 참고하여 개인적 능력과 현실적인 목표들을 세우도록 노력하라,

5. 또 다시 학구적인 문제에 접하게 되면 성적표에 또 다른 나쁜 성적을 보태기보다는 그 과목 수강을 철회하라,

낮은 학점을 높이는 것이 얼마나 힘든지 기억하라. 첫학기에 평균 평점 C+ (2.25)를 받은 학생이 한 해 평균평점 B (3.00)를 취득하기 위해서

는 다음학기 성적이 평균 평점A-(3.75)이상이 되어야 한다. 학점에 문제가 생기면 당신의 나머지 대학생활은 그것을 향상시키는 데 투자해야 한다.

수강 신청 철회

가장 일반적으로 충고해 두어야 할 문제는 학생이 과목을 포기하려 할 때이다. 일반적으로 학생들은 부담스러운 한 과목을 선택해야 하며 그것을 끝마쳐야만 한다. 그러나 때때로 한 과목을 포기하는 것이 현명할 때가 있다.

- 그 과목을 이해하는 데 필요한 배경 지식이 없을 때
- 학과 공부가 과중해서 그것을 모두 소화할 수 없을 때
- 나쁜 학점을 받는 위험을 감수하기보다는 몇 과목에서 잘하기 위해 주의를 집중하는 것이 필요할 때

수강신청을 철회하려 할 때 몇 가지 실제적 주의 사항이 있다.

1. 수강 신청 철회 전에 교수들과 상의하라. 그들은 도와주려 할 것이다. 당신이 생각하는 것보다 부담이 적을 수도 있다.
2. 가장 어려운 과목을 반드시 수강 철회할 필요는 없다. 그것이 연속되는 과목이거나 필수 과목이라면 신중해야 한다. 그것들의 수강을 철회하는 대신 덜 중요한 과목을 수강 철회하는 방법도 있다.
3. 수강 철회하는 버릇을 들이지 말라. 어떻게 어려운 과목을 다루어야 할지 배우라.

어떤 과목을 포기하는 것은 비행장에 불시착하는 것과 같다. 살아남기 위해 필요하다면 수강을 철회하라. 그러나 조심스럽게 행하라.

전공 변경

18세 된 사람이 일생동안 무엇을 하려할지 어떻게 알겠는가? 그것을 아는 사람들은 거의 없다. 그렇다면 왜 전공을 바꾸는 일이 나쁜가? 결혼처럼 전공을 선택하기 전에 자신에게 잘 맞지 않음을 아는 것이 더 좋다.

많은 요인들 - 학점, 특정한 분야의 연구 경력, 목표의 변경, 조언, 많은 다른 요인들 - 로 인해 사람들은 전공을 바꾸려 한다. 대부분의 학생들은 최소한 한 번쯤은 실제로 전공을 바꿀 것이고, 마음으로는 수백 번도 더 바꿀 것이다.

당신은 자신의 개인적 배경과 능력, 그리고 흥미에 대해 알고 있다. 그것 때문에 선택의 폭은 좁아진다. 그러나, 이런 관점에서 또한 많은 선택을 할 수 있다. 다음의 제안들을 하나의 지침으로 생각하라.

1. 대학 1 학년 때 이공 계통을 전공할 것인가, 인문 계통을 전공할 것인가 결정하라.

2. 1학년 말까지 특정한 전공을 등록하라. 물론 그것이 옳은 선택인지 확신할 수는 없을 것이다. 그러나 최

소한 목표는 설정된 것이다.

3. 2학년 말까지 특정한 전공을 확실하게 정하라.

4. 2학년 이후에 전공을 바꾸게 되면 학부에서의 공부 기간을 1년간 연장해야 한다.

5. 특정 전공을 택한 후 졸업하기까지 1년 혹은 1년 반이 남았다면, 비록 다른 전공을 택하고 싶어도 참고 그것을 마치라. 그 학위를 마친 후에 당신은 다른 분야의 대학원 공부를 할 수 있거나 두 번째 학사 학위를 위한 과정을 마칠 수 있다. 많은 과목들은 두개의 학위에 동시에 적용되거나 중첩된다. 물론 공학에서 역사로 전공을 변경할 수도 있지만, 관련 분야로의 전환이 좀더 좋다.

6. 두 번 이상 전공을 바꾸려 한다면, 뒤로 물러서서 학교에서 자신의 전체 방향을 재평가하라. 만약 불확실하고 결정된 것이 아니라면 인생의 목표에 대해 좀더 고려해 볼 필요가 있다. 성적 불량이 전공 전환의 이유라면 자신의 공부 습관과 자신의 훈련에 대해뒤

돌아보는 것이 순서일 것이다.

돈

교육 경비의 증가로 인해 돈은 학생과 부모들의 현안이 되었다. 당신은 돈이 있어야 학교에 갈 수 있다.

학생에게 있어 재정의 기본적 자원은 다음과 같다.

- 개인적 기금
- 부모의 도움
- 근로 아르바이트
- 장학금 혹은 보조금
- 대부금

금융지원의 출처가 어디든 거기에는 책임이 따른다. 그 책임이란 일정한 학점을 유지하는 것에서부터 재정의 얼마를 갚는 것에 이르기까지 다양하다.

　분명히 우리 모두는 돈에 구속되지 않는 자유를 좋아한다. 또한 돈을 완전히 통제할 수 있기를 원한다. 그러나 그것은 책임감을 유발시키지 못한다.

　대부분의 학부모들은 어느 정도 학생들에게 재정지원을 한다. 그러므로 학생들은 그들의 부모에게 책임이 있다. 학부모와의 갈등이 재정문제로 인한 것일 때가 많기 때문에 당신은 도움을 받기보다 은행에서 학자금 융자대출을 받거나, 스스로 일해서 학비를 충당할 수도 있다. 이것은 자신의 학비를 기꺼이 부모님들의 도움없이 개인적으로 책임을 지겠다는 것을 보여 주는 것이다.

　그러나 가능하다면 일하지 말고 학업에만 전념하라. 그것이 신앙적 사역과 학업에 헌신할 수 있는 최대한의 자유를 줄 것이다. 그래도 재정적 도움이 더 필요하다면 장학금과 보조금의 혜택을 받을 수 있을 것이다.

　당신의 학점이 높으면 높을수록 당신이 필요로 하는 재정적 도움을 받기는 더 쉬워진다. 학업을 위해 돈을 빌렸다면 그것을 현명하게 사용하라. 투자를 정당한 것이 되게 만들기 위해 열심히 공부하라.

　융자를 받는 것은 별로 바람직한 방법이 아니다. 그것을 상환하기까지 수 년 동안은 그것에 의해 통제를 받아야하기 때문이다. 그러나 당신의 목표가 졸업하는 것이라면 학교 다니는 동안 과도한 일을 피할 수 있게 하는 가치 있는 것일 수도 있다.

일

대부분의 학생들은 아르바이트를 하면서 공부한다. 소수의 학생들만이 학비 전체를 해결하고 대다수의 학생들은 부분적으로 해결한다.

공부와 신앙적 사역을 하는데 시간을 최대한 사용하려면 학기 중에는 아르바이트을 하지 않는 것이 좋다. 일은 학생에게 추가적인 많은 부담감을 주며 나쁜 학점의 원인이 되기도 한다. 내 경우 일하는 동안 최고로 낮은 학점을 받았다.

일이 많으면 이수학점을 줄일 필요가 있다. 이수학점을 줄이지 않은 채 일할 수 있는 시간은 10시간 정도이다. 그리고 10시간을 초과해서 매 2시간 반에서 3시간의 일이 추가될 때마다 1학점씩 포기해야만 한다. 따라서 20시간 일할 경우 그의 이수 학점은 3-4학점 줄어야 한다.

일상적 학습부담을 그대로 지닌 채 상당한 시간 동안 일하는 학생은 신앙적 사역이나 교과 외적 활동을 위한 시간을 가지지 못하게 된다. 그렇게 함으로써 영적 성장의 기회를 잃어버리게 된다. 약간의 학점을 희생하라. 그리고 캠퍼스 사역을 하기 위해 한 학기를 연장하라.

캠퍼스 사역에 종사할 경우 일과 관련된 갈등이 자주 등장하게 된다. 하계훈련은 구체적인 발전을 위한 유일한 기회를 제공한다. 그러나 그것은 여름 내내 혹은 여름 한동안 있게 될 아르바이트와 갈등을 일으킨다. 이때는 곧 하나님께서 우리 삶에 개입하실 때이다.

어떤 경우에는 여름같은 기간에 일을 계속하면서 영적 성장을 도모할 수도 있다. 또 어떤 경우에는 당신의 여름계획을 만들 때 중요한 주권적 선택을 할 기회를 가질 수도 있다. 많은 학부모들이 그와 같은 프로그램에 참여함으로써 당신이 발전할 수 있음을 알고 당신이 거기에 참여하도록 용기를 주거나 도와 줄 것이다. 반면에 어떤 학부모들은 재정적 부담과 영적 훈련에 관한 그들의 빈약한 견해 때문에 반대 입장을 취할 것이다. 당신의 상황이 어떠하든지 하나님의 뜻을 구한다면 커다란 성장의 기회가 될 것이며, 그것을 학부모들에게 나타내 보여 줄 수 있을 것이다.

일 해야만 할 때에도 여전히 캠퍼스 사역에 종사할 수 있다. 당신에게는 고된 일이고 훈련을 요하는 일일 것이다. 그러나 그런 가운데서 봉사하는 것이 좀 더 가치가 있다.

요점

****

할 만한 가치가 있는 많은 일들을 쉽게 찾을 수는 없다. 결단력, 일, 그리고 훈련은 가치 있는 일을 할 수 있는 수단을 제공한다. 이러한 목적을 위해서는 이 책에서 제시한 원칙들이 중요한 도움을 줄 것이다. 그러나 그것을 적용하는 일은 당신 몫이다.

위대한 인물들이 만들고 유지한 업적은
갑작스런 도약의 결과가 아니다.
그들은 밤을 낮 삼아 땀흘려 일했다.
동료들이 잠자는 동안에.

롱펠로우

8 부록

화살

    화살은 시간 속으로 던져진 인간을 나타낸다. 기록된 역사를 가리키는 부분을 표시하기 위해 줄을 그어 표시하자.(그림1) 그 기간 동안 우리는 무엇이 발생했는지를 기록한다.

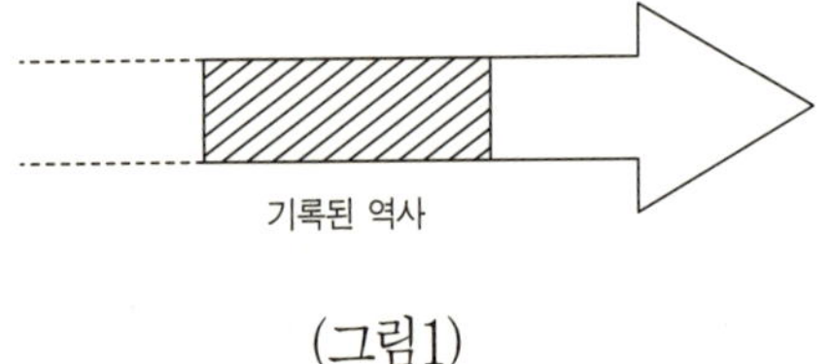

(그림1)

인류의 전 역사를 통해 인간의 삶이 전쟁 – 세계대전, 국지전, 개인적 싸움 – 으로 점철되어 왔다는 것은 놀라운 일이다.(그림2) 더 놀라운 사실은 오늘날과 마찬가지로 이 문제에 대한 특징적인 해결책이 없었다는 것이다.

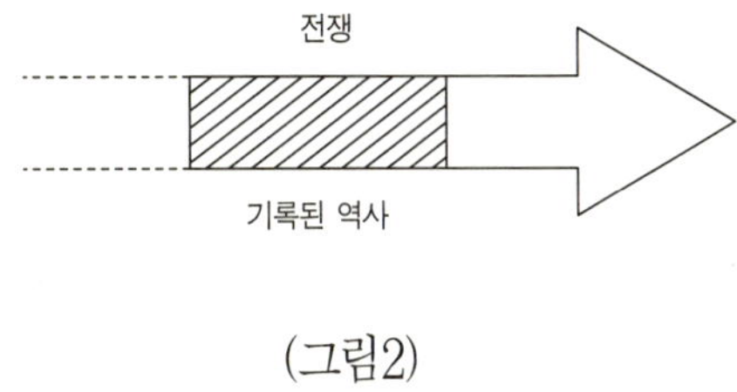

(그림2)

사람이 만약 단순히 환경의 산물이고, 전쟁을 향한 성향이 생존을 위한 자연적 욕구라 한다면, 미래에 대한 희망은 있을 수 없다. 인간의 역사가 투쟁의 역사였음을 고려할 때 오늘날 역시 다를 바가 없을 것이다. 이는 명확한 것이다. 어떤 이들은 인간의 이성과 인간성이 계속해서 나아지리라는 믿음에 대단히 집착한다. 그러나 우리가 현재 – 인간이 가장 진보된 상태에 있다고 하는 지금 – 기록하고 있는 역사는 그들의 믿음이 잘못된 것임을 입증한다.

이런 인간의 딜레마로 인해 예수 그리스도의 메시지는 절대적으로 중요하다. 예수께서는 하나님께서 인간을 창조하시되 잔인함과 투쟁으로 범벅된 삶을 살도록 창조하시지 않았으며, 사랑으로 점철된 삶을 살도록 창조하셨다고 설명하신다.(그림3)

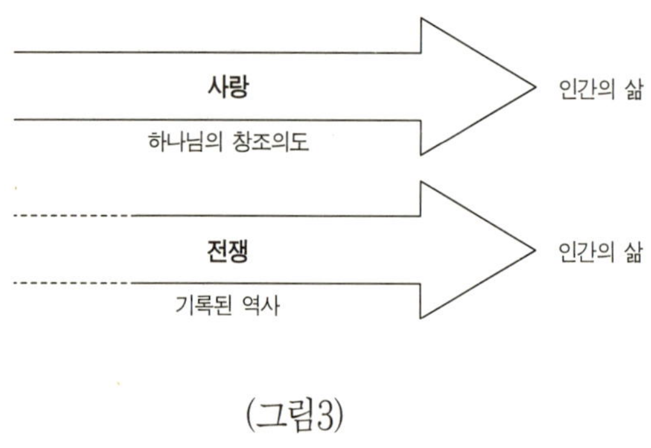

(그림3)

예수께서는 인간에 대한 하나님의 계획을 다음과 같이 간단하게 요약하셨다. 인간은 마음과 뜻과 정성을 다하여 주 하나님을 사랑하도록 창조되었다는 것이다. 진정한 사랑은 하나님과 인간들 서로 서로를 향한 우리의 절제된 본능이 되어야 한다.

더 나아가 예수께서는 사람이 단순히 시간과 환경의 산물이 아님을 보여주는 인간 기원에 관한 구약의 기록을 지지하시고 인용하셨다. 인간은 무에서 진화된 의미 없는 원형질의 조각이 아니다. 오히려 하나님 자신의 인격적 속성을 부여받은 무한하신 하나님의 창의적 작품이다.

하나님께서는 인간을 자신의 형상대로 만드셨다. 인간은 신실하고 올바르며 희생적으로 사랑할 수 있었다. 그러나 하나님께서는 하나님의 형상과 더불어 인간에게 도덕적 선택의 자유를 주셨다. 그것은 주께서 부여하신 신적 위치에 머물거나 거기서 일탈하거나 할 수 있는 능력과 신령하지 않은 일을 행할 수 있는 자유이다. 성경말씀에 의하면 인간은 하나님의 지시에 반하여 자유롭게 도덕적 선택을 했다. 그 결과로 인간은 투쟁의 삶을 살게 되었다. 자유롭게 하나님께 대항하는 도덕적 선택을 한 이런 행위를 성경은 죄라고 말한다. (그림4)

"한 사람으로 말미암아 죄가 세상에 들어오고 죄로 말미암아 사망이 왔나니(롬 5:12)."

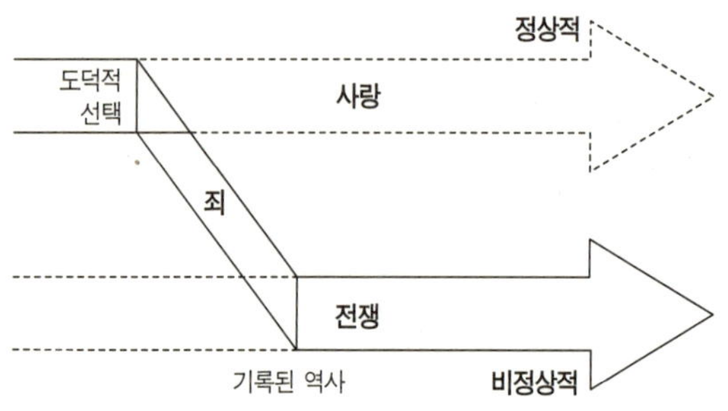

(그림4)

현재의 나와 하나님께서 원하시는 나 사이의 거리는 나의 죄의 측량대이다.

이것은 대단히 중요하다. 이것은 인간이 투쟁으로 가득한 삶을 영위하도록 창조되지도, 항상 그런 자리에 있어 왔던 것도 아님을 의미하기 때문이다. 또한 우리가 오늘날 알고 있는 삶이 비정상적임을 의미한다. 정상적인 삶은 하나님과 같은 사랑의 삶을 사는 것이다. 그 대표적인 예를 그리스도에게서 찾을 수 있다. 오직 하나님만이 이런 투쟁적 삶에서 사랑의 삶으로 되돌아 갈 길을 열어 놓으실 수 있다.

성경의 반복되는 메시지는 바로 이것이다: 하나님께서는 회복할 수 있는 길을 열어 놓으셨다. 그 길은 예수이다. 시간 속에 버려진 인생의 어느 순간에 하나님께서는 그의 아들 예수 그리스도를 보내심으로써 인간 역사 속으로 비집고 들어 오셨다. 예수 그리스도, 그 분은 하나님과 같은 사랑의 삶으로 되돌아 갈 수 있게 하는 길이시다. (그림5)

"하나님이 세상을 이처럼 사랑하사 독생자를 주셨으니 이는 저를 믿는 자마다 멸망치 않고 영생을 얻게 하려 하심이니라(요 3:16)."

"나는 하나님께로서 와서 지금 여기 있으니, 내 길을 온 것이 아니요 그가 보내신 것이라(요 3:42)."

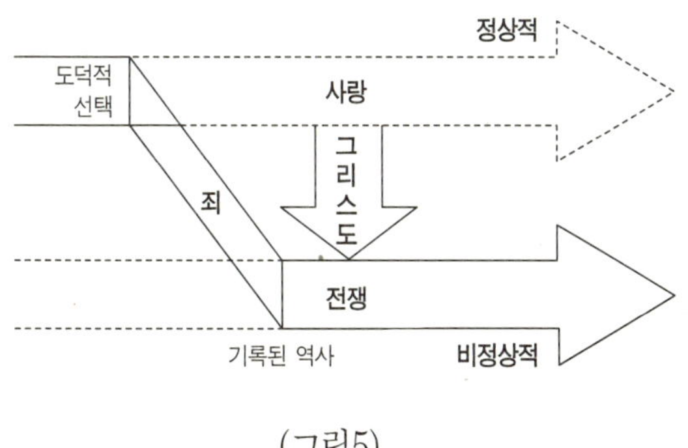

(그림5)

예수는 하나님을 찾기 위한 인간의 노력이 아니다. 그는 인간에게 오시기 위한 하나님의 계획이다. 요한복음 14:6은 이렇게 말한다. "나는 길이요 진리요 생명이니 나로 말미암지 않고는 아버지께로 올 자가 없느니라."

어떻게 예수께서 회복의 길인가? 어떻게 그 분께서 이 모든 일을 행하셨는가? 예수께서는 십자가를 지시고, 거기서 하나님과 인간을 분리시켰던 사실상의 도덕적 죄와 죄책을 사하셨다.

> "그리스도께서 한 번 죄를 위하여 죽으사 의인으로써 불의한 자를 대신하셨으니 이는 우리를 하나님 앞으로 인도하려 하심이라(벧후 3:18)."

죄와 죄책의 문제가 예수 그리스도에 의해서 해결되었기 때문에 이제 누구나 그리스도에게 보답할 수도, 사랑의 삶으로 되돌아 갈 수도, 다시 한 번 하나님과 예정된 관계를 즐길 수도 있게 되었다. (그림6)

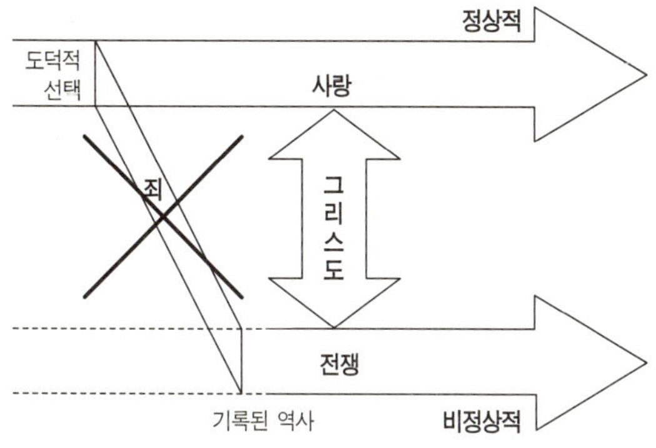

(그림6)

이런 개인의 인격적인 반응은 매우 중요하다. 당신은 예수 그리스도를 당신의 구속자로, 당신의 개인적 구세주로 받아들여만 한다. 당신은 그 분을 당신 삶에서 올바른 위치에 모셔야 한다. 그렇게 당신 삶을 정결케 하고 변화시키며 영위해 가야 한다.

물론 그 분은 오랫동안 당신이 그렇게 하기를 기다리셨다.

"보라, 내가 문 밖에 서서 기다리노니 누구든지 내 목소리를 듣고 문을 열면 내가 그에게로 들어가서 그로 더불어 먹고 그는 나로 더불어 먹으리라(계 3:20)."

마지막 경고의 말이 있다. 위협하려는 의도로 이 말을 하는 것이 아니다. 그것에 관해 말하는 것은 개인적으로는 즐거운 일이 아니다. 그러나 그것은 사실이고 대단히 중요하다.

> "사람에게 한 번 죽는 것은 정하신 이치요 그 후에
> 는 심판이 있으리니 그리스도께서 한 번 죽으심으로
> 많은 사람들의 죄를 벗기셨느니라(히 9:27-28)."

나는 지금 투쟁의 삶에서 사랑의 삶으로 옮김으로 말미암아 와진 생명을 지니고 있다. 죽음 후에는 이런 옮김이란 없다. 즉 나의 영원한 운명은 지금 그리스도에 대한 나의 개인적 반응에 의해 좌우된다.

만약 내가 그리스도와 아무런 관련이 없고 이 세상의 현상 속에 머물러 있다면 나는 하나님과의 영원히 분리된 삶 - 영원한 투쟁의 삶 - 을 시작하게 될 것이다. 그러나 만약 내가 지금 투쟁에서 사랑으로 다리를 건너면 나는 그와 영원히 동거하게 될 것이다.

그것이 곧 천국이다.